日本労働法学会誌117号

雇用平等法の新たな展開

日本労働法学会編
2011
法律文化社

目　次

《シンポジウム》
雇用平等法の新たな展開

《報告》
今なぜ雇用平等法を問題にするのか……………………和田　　肇　3
性差別禁止の現代的展開…………………………………長谷川　聡　15
　　──差別的構造に着目して──
雇用形態間における均等待遇……………………………緒方　桂子　32
年齢差別禁止の特徴と規制の方向性……………………山川　和義　49
雇用平等を実現するための諸法理と救済のあり方……渡辺　　賢　64

《シンポジウムの記録》
雇用平等法の新たな展開…………………………………………………80

《回顧と展望》
民事訴訟法23条1項6号の「前審の裁判」と
　労働審判……………………………………………………淺野　高宏　115
　　──小野リース事件・最三小判平22・5・25判時2085号160頁，
　　判タ1327号67頁，労経速2078号3頁──
旧商法上の会社分割によって新設された会社への
　労働契約承継の効力と事前の労使協議………………二片　すず　124
　　──日本IBM（会社分割）事件・最二小判平22・7・12労判1010号5頁──
有期労働契約法制のあり方とその課題…………………國武　英生　133
　　──「有期労働契約研究会」報告書について──

日本学術会議報告……………………………………浅倉むつ子	143
日本労働法学会第120回大会記事…………………………………	146
日本労働法学会第121回大会案内…………………………………	151
日本労働法学会規約…………………………………………………	153
SUMMARY …………………………………………………………	157

《シンポジウム》
雇用平等法の新たな展開

《報告》
今なぜ雇用平等法を問題にするのか　　　　　　　　　　　　　　和田　　肇
性差別禁止の現代的展開　　　　　　　　　　　　　　　　　　　長谷川　聡
　　——差別的構造に着目して——
雇用形態間における均等待遇　　　　　　　　　　　　　　　　　緒方　桂子
年齢差別禁止の特徴と規制の方向性　　　　　　　　　　　　　　山川　和義
雇用平等を実現するための諸法理と救済のあり方　　　　　　　　渡辺　　賢
《シンポジウムの記録》
雇用平等法の新たな展開

今なぜ雇用平等法を問題にするのか

和　田　　肇

(名古屋大学)

I　はじめに

　本シンポジウムは，雇用平等法の新たな展開について検討することを目的として企画された。本稿では，その背景や趣旨について述べてみたい。
　ここで論じる「雇用平等法」とは，ある労働者（群）と他の労働者（群）とを比較して，使用者によるその間の異なる取り扱いを何らかの形で規範的に取り扱う法分野を意味している。具体的には均等な機会の付与を使用者に義務づけたり，使用者の差別を禁止したり[1]，均衡の考慮を使用者に義務づけたり[2]，さらに場合によっては社会的に差別されている者について特別の配慮をする法や規定の総体を指している。広い意味では判例法理も含まれるが，ここでは実定法規あるいはその総体を念頭に置いている。現行法としては，労基法3条・4

---

1) 実定法規では，「平等」ではなく，それと同じ意味を持つ「均等」という概念が用いられる（たとえば雇用機会均等法について，赤松良子『詳説男女雇用機会均等法及び改正労働基準法』（日本労働協会，1985年）248頁参照）。
2) 「均等待遇」と類似の概念として「差別禁止」があるが，実定法上両者は使い分けられている。すなわち，募集・採用については均等な機会の付与が（均等法5条，雇用対策法10条等），そして労働契約の終了を含む採用後の労働条件について差別の禁止が用いられているようである。差別禁止の方が，罰則と結びつきやすく（労基法3条，4条参照），規範の程度が高いともいえる。外国法ではあるが，2006年にドイツで制定された一般平等取扱い法は，その基となった2005年に連邦議会で通過していた差別禁止法と異なり，差別禁止という言葉を用いていないが，その理由について，差別は一般に違法で社会的に非難されるべき不平等取扱いと理解され，不利益をもたらす異別取扱いのすべてが違法ではないことを明確にするためであると説明されている（山川和義「ドイツ一般平等取扱法の意義と問題点——包括的差別禁止立法の影響」日独労働法協会会報8号（2007年）83頁の注27））。両者にはこのような違いがあるが，本稿では，両者の上位概念として「雇用平等」という概念を用いることにする。

シンポジウム（報告①）

条，雇用機会均等法（均等法），雇用対策法10条，パートタイム労働法（パート法）8条・9条，労契法3条2項等が，これを構成している[3]。それらは憲法14条，13条，および27条2項を淵源としている[4]。

雇用平等法は，対象や規定の方式等について多様な内容を含み，そして絶えず展開していく非常にダイナミックな法分野である。この法分野は，労働法の規制緩和が推し進められた時代にも規制が強化され，そして今後もその方向での法発展が予想される領域でもある。

II　今なぜ雇用平等法か

雇用における均等待遇（平等取扱い）あるいは差別禁止は，1947年制定の労基法3条および4条という限定的な事例から出発したが，今日では労働法を貫徹する重要な基本原理となっている。すなわち，1985年の均等法制定とその後の幾たびかの改正を通じて，募集・採用から労働契約の終了に至るまでのすべてのステージにおいて性差別が禁止されている。性については賃金差別しか禁止されていないという，労基法3条・4条の抱えていた重大な欠陥がこれによって修復されたことになる[5]。

憲法14条1項にあげられていない理由についても，差別禁止が拡大されている。2007年改正の雇用対策法10条においては，同法施行規則1条の3において多くの重要な例外が認められているとはいえ，募集・採用について年齢を問わずに均等な機会を付与することが事業主に義務づけられているし，同年改正のパート法8条には，通常の労働者と同視すべきパートタイム労働者について限定してではあるが，差別取扱いの禁止が盛り込まれている[6][7]。

3）　労働法分野の平等法には，より広い意味ではさらに労組法7条1号も含まれるが，ここでは除外して考える。
4）　和田肇『人権保障と労働法』（日本評論社，2008年）249頁以下を参照。
5）　たとえば憲法14条1項の差別禁止理由をそのまま掲げる国家公務員法27条，地方公務員法13条と比較されたい。
6）　同法の改正過程については，柳澤武「新しい雇用対策法——人口減少社会における年齢差別の禁止」季労218号（2007年）110頁以下を参照。

このような発展を示してきた雇用平等法であるが，まだ多くの課題を残している。たとえば2009年8月に国連の差別撤廃委員会から出された日本への第6次「総括所見」では，国内法に女性差別の定義規定を欠いていること，労働市場における女性差別・賃金格差，出産・育児を理由とした違法な解雇，セクシュアル・ハラスメントの横行について懸念が表明され，同一価値労働同一賃金原則の欠如や差別是正の法的プロセスに長時間を要することなど，かなり厳しい批判がなされ，女性の雇用・昇進機会の拡大，賃金格差の是正，実効的な救済制度の整備等が勧告されている[8]。賃金格差，非正規労働者の割合，年齢階級別労働力率等の各種統計にも示されているように，性差別は厳然として残っている[9]。

　現行法はこうした問題点・弱点を抱えているが，他方で差別禁止の理由や対象となる雇用ステージを拡大しようとする動きが見られるのも確かである。その意味で雇用平等法は，発展を続ける法分野であるといえる。

　本シンポジウムでは，差別禁止理由としてそれぞれ特色がある性，雇用形態，年齢を取り上げる。このうち憲法14条にあげられているのは性だけであるが，それは雇用平等を考える際の基本モデルとなるものである。雇用形態や年齢は，憲法14条には掲げられていないが，最近になって差別禁止や平等取扱いという視点で論じられるようになっている。こうした違いが，雇用平等の実現に対するアプローチの仕方の違いを生んでいる。これらを通じるものとして，憲法における平等論との関係，そして実効的な救済制度のあり方も，検討の素材にする。

---

7) 同法の意義と課題については，和田肇「パート労働法改正の意義と今後の課題」季労220号（2008年）64頁以下，両角道代「均衡待遇と差別禁止──改正パートタイム労働法の意義と課題」日労研576号（2008年）45頁以下，山田省三「改正パートタイム労働法における均等待遇原則の理論的課題」労旬1678号（2008年）6頁以下等を参照。

8) Concluding obeservations of CEDAW, Japan.

9) 厚生労働省雇用均等・児童家庭局編『女性労働の分析　2009年版』（21世紀職業財団，2010年）を参照。

シンポジウム（報告①）

Ⅲ　日本の雇用平等法制の特徴

　雇用平等法制の制定・拡充の動きは，いち早くアメリカで始まり展開してきたが，最近ではEUでもめざましい発展を遂げている[10]。これらと比較してみた場合，日本の雇用平等法制については，次のような特徴が指摘できる。

　第一に，日本では差別禁止の対象が，まだ限定的である。つまり，障害や性的指向は，差別禁止や平等取扱いの対象とはされていない[11]。年齢については，募集・採用における差別が禁止されているが，それには本則を換骨奪胎するような多くの例外が認められているし（雇用対策法施行規則1条の3），他方で高年齢者雇用安定法8条が，60歳以上の定年制を容認しており，年齢差別という考え方が徹底しているわけではない[12]。法政策的にも，年齢を全く問題としない雇用社会の実現を目指すべきかについては，後述の山川論文が論じているように，大議論がある。雇用形態については，パート労働法8条が差別禁止を規定しているが，その対象となるのは，パート労働者のうちのほんの数％に過ぎないと考えられているし，それ以外の雇用形態等については現行法では差別禁止規定は存在しない[13]。

---

10)　アメリカ法については，中窪裕也『アメリカ労働法〔第2版〕』（弘文堂，2010年）195頁以下，藤本茂『米国雇用平等法の理念と法理』（かもがわ出版，2007年），EU法については，櫻庭涼子「EU雇用平等法制の展開」法律時報79巻3号（2007年）64頁以下を参照。
　　なお，私はこれらの社会が理想郷だと考えて議論を進めているわけではない。堤未果『貧困大国アメリカⅡ』（岩波書店，2010年）やディヴィッド・バーン（深井英二＝梶村泰久訳）『社会的排除とは何か』（こぶし書房，2010年）等で描き出された現実は無視できない。しかし，それを克服しようとする努力も絶えずなされており，差別禁止もその一方法であるといえる。

11)　櫻庭涼子「雇用差別禁止法制の現状と課題」日本労働研究雑誌574号（2008年）14頁。障害者雇用促進法は，採用について緩やかなクォーター制を採用する（37条以下）ことにより，障害者の雇用を促進するという手法をとっており，差別禁止という考え方は採用していない。障害について，長谷川珠子「障害を理由とする差別」法律時報79巻3号（2007年）51頁以下，同「障害者差別」森戸英幸＝水町勇一郎編著『差別禁止法の新展開』（日本評論社，2008年）169頁以下，性的指向について，森戸英幸「性的指向を理由とする差別」法律時報同号60頁以下を参照。

12)　山川和義「高齢社会の高年齢者雇用政策のあり方」ジュリ1389号（2009年）34頁等。

図表　多様な実効性確保の手法

罰則型	労基法3条，4条　→同法119条 ＊均等法29条違反　→同法33条
個別委労働関係 紛争処理型 (紛争調整委員会)	均等法6条，7条，9条等（5条は除外） →同法18条以下 パート労働法6条，8条，10条等 →同法22条以下
行政指導型	パート労働法25条以下 高年法10条 雇用対策法10条違反　→？（不明） 　（参考：障害者雇用促進法46条）
違反企業名 公表型	均等法29条違反　→同法30条 　（参考：障害者雇用促進法47条）
司法救済型	労基法3条，4条　→同法13条（？） パート労働法8条 高年法8条，9条（？） 法律行為の無効（民法90条），公序違反の 不法行為（民法709条）

　第二に，募集・採用から労働契約の終了までのすべてのステージで差別が禁止されているのは，性を理由とする場合のみである。年齢については，募集・採用過程が差別禁止の対象とされているが，逆に他のステージでは年齢による差別も禁止されていない。労基法3条において差別が禁止されている労働条件には，差別がもっとも深刻な採用は含まれないと一般に解されている。[14]

　第三に，日本では使用者の努力義務，配慮義務あるいは均衡処遇といった規範内容が不明確な概念が，しばしば用いられている。また，このことと関連して，差別の救済方法は，監督官庁による行政指導，労働局長の助言，あるいは違反事業の氏名公表という行政的な救済・措置が中心となっている（図表も参照）。これらは，ソフトロー・アプローチとして高く評価されることがある。[15]

　第四に，日本の雇用機会均等法には，アメリカの EEOC（雇用機会均等委

---

13) パート労働法9条は，労契法3条2項を具体化している規定であるといえる。なお，先の通常国会に提案され，継続審議とされている労働者派遣法改正案では，派遣先で雇用される同種業務に従事する労働者との均衡処遇の規定の導入（30条の2第1項関係）が考えられている。以上については，緒方論文も参照。

14) 三菱樹脂事件・最大判昭和48・12・12民集27巻11号1536頁。

会）と同じような調停を行う行政救済機関（紛争調整委員会）が存在しているが，そこには申立者に代わって訴訟を提起する権限は与えられていない。また，私人が差別排除を裁判所において実現できる救済システムが弱体であり，概して実効的な救済制度を欠いているといえる[16]。

その他として，日本では間接差別の法理は，非常に限定された類型でしか認められていないし（均等法7条，均等法施行規則2条），同一（価値）労働同一賃金を実現する基盤（労働協約や科学的な職務分析の手法）は必ずしも十分ではない[17]。

Ⅳ 雇用平等法の課題

これまで述べてきた，比較法と雇用の実態等を考慮した場合に，今後の雇用平等（差別禁止）法の展開については，次のような論点や課題が摘出できる。

第一に，差別禁止は，対象として如何なる理由についてまで，そして雇用のどのステージにまで拡大していくべきなのか，という論点である。

水町は，差別禁止の対象を，人種，社会的身分，宗教・信条，性別，性的指向といった人権保障的性格の強いもの，年齢や障害など雇用保障や雇用促進の要請が他方であり，これとの調整が必要なもの，雇用形態のように原則として差別を禁止すべきであるが，契約の自由との調整が必要なものに分けて論じる[18]。この分類は，大いに参考になる。

---

15) 荒木尚志「労働立法における努力義務規定の機能」『労働関係法の現代的展開』（信山社，2004年）19頁以下。
16) 均等法制定以降に同法の均等取扱いを求めた裁判が実に少ないことは，それを反映しているといえるであろう。均等法についてであるが，もっぱら行政主導型の救済手続しか用意しておらず，差別紛争に適合的な救済システムや私人の権利実現手続を欠いていると痛烈に批判し，それを完備するような方向で改正すべきことを説くものとして，浜田冨士郎「均等法の現状と課題」日本労働研究雑誌538号（2005年）12頁以下。アメリカにおける差別救済システムについては，中窪・前掲注10)書237頁以下を参照。
17) 森ます美『日本の性差別賃金』（有斐閣，2005年），とりわけ229頁以下，森ます美＝浅倉むつ子編『同一価値労働同一賃金原則の実施システム』（有斐閣，2010年）は，同一価値労働同一賃金原則を導入するための職務分析を試みる貴重な成果である。
18) 水町勇一郎「労働法制改革の基盤とグランドデザイン」新世代法政策学研究3号（2009年）39頁以下。

まず，憲法14条１項に掲げられているか，あるいはそれに準ずるような人権的な性格の強いもの（国籍，性的指向など）については，絶対的な差別禁止が妥当すると考えてよい。その際に，労基法３条であげられている国籍，信条，社会的身分についても，差別禁止は募集・採用段階には及ばないとされていることが，私人間における人権やプライバシーの保護という観点から果たして妥当といえるのか，疑問となる[19]。性や年齢についてこの段階での差別が禁止されていることを考えると，国籍，信条，社会的身分について排除する合理的な理由はない[20]。立法的な対応が必要ともなろう。

　次に，年齢，障害については，今後の立法において差別禁止（人権論）アプローチを採るのか，それとも雇用政策アプローチを採るのか，あるいは両者をうまく調整するのか，という問題が出てくる[21]。アメリカでの立法過程を見ると，たとえば年齢差別は当初は雇用政策的な視点で論じられていたが，次第に人権的な視点で論じられるようになっており，こうした手法もありうるかも知れない。また，定年制については，EUでそうであるように[22]，合理的な理由による差別禁止の許容される例外を認める方法もありうる。

　雇用形態については，アメリカとEUとでは扱いが違うし，たとえばドイツでも一般平等取扱い法とは別の法律によって規律されている[23]というように，EUの中でも違いがある。雇用形態は様々な特性を有している。すなわち，憲

---

19) 櫻庭・前掲注11)論文14頁。毛塚勝利「労働法における平等」労働法律旬報1495号（2001年）52頁も参照。

20) 募集・採用段階での最高裁の採用の自由論が誤りであることについては，和田・前掲注４)書２頁以下を参照。

21) 年齢差別については，柳澤武と櫻庭涼子の論争がある（和田肇「労働法におけるソフトロー・アプローチについて」戒能通厚ほか編『日本社会と法律学』（日本評論社，2009年）729頁以下を参照）。年齢差別を徹底した主張が「エイジフリー社会」論である。これに対する厳しい批判として，森戸英幸『いつでもクビ切り社会──『エイジフリー』の罠』（文藝春秋，2009年）がある。

22) EUの雇用政策において，差別禁止を通じた社会的統合という人権アプローチが大きなウェイトを占めるようになっていることについて，濱口桂一郎「雇用戦略」宮島洋＝西村周三＝京極高宣編『社会保障と経済１　企業と労働』（東京大学出版会，2009年）107頁以下参照。

23) 川田知子「ドイツにおけるパートタイム労働並びに有期雇用契約をめぐる動向」中央学院法学論集15巻１・２号（2002年）161頁以下参照。

シンポジウム（報告①）

法によって差別禁止理由とされてはいないし，当初から労働者の意思によって免れることができない属性とはいえないが，それが継続すると次第と固定的な社会的状態になるし，性差別を隠蔽する役割を果たしうるし，さらに昨今のワーキングプア，格差，社会的排除の除去・是正といった視点からは，こうした社会的状態を放置できなくなっている。これに対する立法介入の可否あるいはそのあり方については大きな議論があるが，契約正義の実現という見地からも雇用形態間での一般的な差別禁止規定を設けるべきであろう[24]。雇用形態の選択については契約の自由が妥当するにしても，少なくとも採用されてからの労働条件については雇用・勤務の実態が反映されなければならないと考えられる[25]。

第二に，特に雇用形態間の差別解消の方策について論点となることであるが，実体的規制が必要か，それとも手続的規制にとどめるべきかという議論がある。たとえば水町は，今日の労働の問題として過剰労働と格差の存在を抽出し，それに対する一つの処方箋として，パートタイム労働の均等処遇について，ヨーロッパのような法による規制でもないし，またアメリカのような市場による規制でもなく，差別の内容や差別を正当化する合理的理由の中身について集団的発言という当事者のコミュニケーションによる解決を提示する[27]。

これについては，以下のような疑問が出てくる。つまり，この手法は，憲法に一般的な平等取扱いの規定があり，不合理な差別については民法90条で無効とされる可能性があることを前提に，現にこれまでにも採られてきたものであり，それでうまくいかなかったからこそ2007年のパート法改正が行われたり，あるいは差別禁止法のさらなる展開を議論しているのではないか。現場に近いところで実態に精通した者による交渉が問題解決にとって有効であるケースがあることは否定できないが，格差の是正という普遍的な正義に関わる問題についてはより大局的な視点での対応策が必要なのではないか。当事者の交渉を支えるための，そして労働者集団が十分に形成されていないところでも通用する

---

24) 和田・前掲注4）書110頁以下，289頁以下参照。
25) 和田肇「雇用形態の多様化と均等処遇」法律時報75巻5号（2004年）15頁以下等。
26) 毛塚・前掲注19）論文52頁以下。
27) 水町勇一郎「『過剰労働』と『格差』のあいだ」世界2007年3月号71頁以下，同「哲学からのアプローチ」森戸＝水町編著・前掲注11）書115頁以下。

ような実体法の規制が不可欠であろう。

　第三に，こうしたことを考えると，日本でもアメリカの公民権法第7篇やドイツの2006年の一般平等取扱い法のような包括的立法が必要ではないか，という論点が出てくる。包括立法のメリットとしては，一般的な平等意識の高まり，あるいは平等取扱いや差別禁止が労働法において重要な価値を有していることの認識の広がりが期待できるし，何よりも統一的な救済システムが構築できる。その一方でデメリットとして，どこまで差別禁止の対象とするのか，議論がまとまりにくく，そのために立法化に時間がかかることや，差別理由の多様性と平等実現へのアプローチの多様性への配慮に欠けるのではないか，といったことが指摘できる。デメリットのうち前者については，合意できる問題から始めればよいし，後者については，異別取扱いが許容できる場合を認めることによって対応が可能である。[29]

　第四に，差別禁止法の法的性格をどうするのか，という論点がある。つまり，日本のこれまでの差別禁止立法には多分に行政指導型の性格が強かったが，そういう方向を維持するのか，それとも強行法規型を多用していくのか。これは，前述したように，ハードロー・アプローチとソフトロー・アプローチのどちらが妥当か，という問題でもある。ソフトロー・アプローチに対しては，行政指導委任型の努力義務規定で果たして法の目的が十全に達成できるのか，ハードローへの移行の保証があるのか，といった疑問が提起されている。[30]

　雇用平等については，実体法の整備と比べて，雇用平等の実効性確保という問題は，本格的に取り上げられることは少なかった。直近の国連の差別撤廃委員会の「総括所見」にも見られるように，雇用の場での実効性のある平等の実現には，この点の検討も不可欠である。アメリカの雇用機会均等委員会

---

28) 一般的・包括的な差別禁止法・雇用平等法の制定が射程距離に入ってきたという意見として，山川和義＝和田肇「ドイツにおける一般平等立法の意味」日本労働研究雑誌574号（2008年）26頁，水町・前掲注18)論文38頁以下。
29) たとえばドイツの一般平等取扱い法7条以下では，職業上の要請から許される場合，宗教・世界観から許される場合，年齢について雇用・人事政策上許される場合に，それぞれ異別取扱いを許容している。
30) 和田・前掲注21)論文728頁以下。

(EEOC) やイギリスの雇用均等委員会（EOC）を参考にして，実効的な行政救済システムを検討すべき時期にきている。[31]

差別された労働者の差別の是正・排除の請求権をどのように実定法化するのか，あるいは解釈として導くのか，という問題もある。前者の例としては，労働契約に関する一般法である労契法に，「労働基準法や雇用機会均等法その他の労働者保護法において差別が禁止されている場合に，差別を受けた労働者は，使用者に対して，その差別の是正や排除を求めることができる。」といった規定を挿入することを考えてもよい。

後者の解釈論については，使用者の信義則上の平等取扱い（均等待遇）義務という構成が有効である。差別禁止の違反について，差別された労働者からの差別されない状態にあることの確認，差額賃金あるいは債務不履行に基づく損害賠償の請求には，就業規則の規定等からそれが根拠付けられる場合を除いて[32]，新たな論理が必要となる。その役割を果たすのが，差別禁止規定から評価される使用者の信義則上の平等取い扱義務である。[33] 労基法13条の類推解釈という手法が採られる場合もあるが[34]，それは結局は労基法13条を用いてこうした平等取扱い義務を導いていることに変わりがない。平等取扱い義務の法理は，均等法やパート法など，労基法13条のような規定が存在しない場合にも有効である。なお，労働者が昇格や昇進の請求できるかについては，使用者の人事裁量権や発令行為との関係でさらに検討を要する。

最後に，アファーマティブ・アクションは，どのような場合に有効な措置となるか。現行法では，均等法14条，雇用対策法4条，障害者雇用促進法43条等で採用されているが，ここでは憲法14条との関係[35]，あるいは差別禁止法との調整の問題が出てくる。[36]

---

31) 花見忠「採用の自由と基本権」『労働法の諸問題』（勁草書房，1974年）149頁以下は，このことをいち早く主張していた。
32) 労基法違反の事例ではないが，就業規則の定年制の定めのうち女性に関する部分だけを無効にする日産自動車事件・最三小判昭和56・3・24民集35巻2号300頁を参照。
33) 和田肇『労働契約の法理』（有斐閣，1990年）237頁以下，西谷敏『労働法』（日本評論社，2008年）97頁，芝信用金庫事件・東京高判平成12・12・22労判796号5頁参照。
34) 秋田相互銀行事件・秋田地判昭和50・4・10労民集26巻2号388頁，三陽物産事件・東京地判平成6・6・16労判651号15頁等。

V　雇用平等法制の理論的基盤

　以上のような雇用平等法制の展開には，それを支える理論の変容，あるいは新たな理論的枠組みの提供が大きく影響している。

　憲法における法の下の平等を支える理論は，「等しい者を等しく，等しくない者を等しくなく扱うべし」という相対的平等論，および形式的平等論を基本としながら国家が実質的な不平等を除去していくことを積極的に評価する，というものである。これは古典的な平等論であるが，今日でも基底にある，その意味で普遍的な理論であるといえる[37]。

　これに1980年代後半からジェンダー論や社会的排除／社会的包摂の理論が加わっている。前者は，労働法に対して，家族圏での男女平等を前提とした労働時間短縮の視点，職業生活と家庭生活の両立（ワーク・ライフ・バランス）の視点，非正規労働者の保護の視点等を組み込んで再構成すべきことを要請している，と考えられている[38]。後者は，フランスやイギリスを中心に展開し，EUでの新たな雇用戦略モデルともなっているものであり，構造的に排除を受けてきた者を社会に取り込むための理論である。妊産婦，障害者あるいは一定の年齢層などについては，平等な取扱いとは異なる取扱いの要求があり，これを正当化するのが，この理論である。このようにして社会的包摂の理論は，従来の差別禁止法に確固たる価値基準を与え，同時にまた比較という視点だけでは捉えきれない問題を俎上にあげ，新たな展開への規範的な根拠を与える重要な鍵概念になっている，と理解されている[39]。

　こうした新たな理論は，伝統的な平等論を排斥するものではなく，伝統的理

---

35)　辻村みよ子「雇用・社会保障とジェンダー平等」嵩さやか＝田中重人編『雇用・社会保障とジェンダー』（東北大学出版会，2007年）96頁以下，愛敬浩二「リベラリズムとポジティブ・アクション」田村哲樹＝金井篤子編『ポジティブ・アクションの可能性』（ナカニシヤ出版，2007年）41頁以下参照。

36)　この問題については，長谷川・前掲注11)論文も参照。

37)　阿部照哉＝野中俊彦『現代憲法大系3　平等の権利』（法律文化社，1984年）57頁以下。

38)　たとえば浅倉むつ子『労働法とジェンダー』（有斐閣，2004年）25頁以下，同「労働法におけるワーク・ライフ・バランスの位置づけ」日本労働研究雑誌599号（2010年）41頁以下。

シンポジウム（報告①）

論においては見えなかった部分を剔抉し，それを補充する理論といえる[40]。ただ次の点には留保を付しておきたい。つまり，均等法の制定およびそれと並行して行われた労基法の女子（女性）の保護規定の削減・廃止の際に見られたような，保護による勤労権（労働権）の保障 vs 平等権という単純な図式を作ることは，実質的な，あるいは身のある雇用平等を実現する上では，誤りであるし，弊害ともなりうる。むしろ保護による勤労権（労働権）の保障プラス平等権の有機的結合を考えていくべきであろう[41]。

いずれにしても，新たな理論的基盤を得て，雇用平等法制は新たな展開を示そうとしている。我々が今，雇用平等法を問題とするのは，以上の理由からである。

（わだ　はじめ）

---

39) 長谷川聡「社会的包摂と差別禁止法」『イギリス労働法の新展開』（成文堂，2009年）309頁以下，石田信平「イギリス労働法の新たな動向を支える基礎理論と概念」同書53頁以下を参照。
40) 雇用ダイヴァーシティという概念が用いられることもあるが（森戸＝水町編著・前掲注11)書に付された副題），この概念は理論的に煮詰まったものではない。
41) 和田・前掲注4)書285頁以下。

性差別禁止の現代的展開
――差別的構造に着目して――

長谷川　聡

(中央学院大学)

I　はじめに

　平等に関する公序法理や均等法の展開により，男女の均等取扱いが原則として確立し，性差別禁止の仕組みが次第に形を整えつつある。これに伴い，あからさまな差別は社会や訴訟の場から姿を消しつつあるが，かわって一見しただけでは不合理な差別であるか否かを判別することが困難な事案が争点化する傾向にある。

　この流れの下で，差別禁止法制等は，「社会や職場，意識などに存在する男女間の事実上の不均衡」やこれが原因で発生する不利益を是正対象として視野に入れる動きを見せている。男女間に存在する職域分離や家庭責任負担の不均衡を代表例とするこの事実上の不均衡は，男女を形式的に同一に扱うことが，実質的には一方の性別集団に不利益を及ぼし，かえって差別を再生産する効果を持つ要因になるというのが，右の動きの要因の一つである。均等法の展開過程でポジティブ・アクションや間接差別の禁止が相次いで明文化されたが，後述のように，これらはいずれも右事実上の不均衡の存在を意識した制度・概念である。

　本稿は，この事実上の不均衡を「差別的構造」と概念規定し，これが原因で発生する差別（以下，「構造的差別」という）を含めて「差別的構造等」を是正対象として意識するという近年の変化が，差別禁止法にいかなる方向性をもたらすのかを分析することを目的とするものである[1]。以下，従来の性差別禁止法制に差別的構造がどのように反映されてきたかを確認し，差別的構造等を是正対

象として意識するという視点の背景と特徴を指摘した上で、この視点が差別禁止法制に対してもたらす方向性を間接差別とポジティブ・アクションを素材として検討する。

Ⅱ　差別的構造の背景と特徴

1　差別的構造の位置づけの変化

本稿で「差別的構造」と表現する「社会や職場，意識などに存在する男女間の事実上の不均衡」の存在を意識した法制度の例としてまず挙げられるのは，前述した間接差別やポジティブ・アクションであろう。だが差別的構造は，これらが制度化される以前から性差別に関する法制度や法理の形成に影響を与えてきた。

均等法を例に取れば，1986年均等法の片面的差別禁止と努力義務という仕組みは，差別的構造の存在を考慮して採用されたものであった。片面的差別禁止は，女性が男性と比較して多くの家庭責任を負い，職場進出が低調であるといった現実をふまえることが，平等を実態として確保するために必要と理解されたこと[2]，努力義務という手法は，1986年均等法の実効性を確保するためには，女性の就業意識や就業実態，雇用管理において勤続年数が重視されている実態や，その平均的な男女差といった当時の日本の社会・経済状況を無視すること

---

1) S. Sturn (*Second Generation Employment Discrimination : A Structural Approach,* 101 Col. L. Rev. 458 (2001)) は，セクシュアル・ハラスメントやグラス・シーリングなどを複雑で微妙な差別形態と規定し，これに対するアプローチの方法として，多様な主体が連携を図りつつ，各職場の問題状況に即した固有の解決方法や規範を作り上げるという「構造的アプローチ (structural approach)」を提唱している。この視点は，差別の発生要因の多様性を意識し，当事者の参加による差別禁止を構想する等，本稿と問題意識を共有する部分もあるが，本稿で用いる「構造的」の語は，アプローチの方法というより，男女に不均衡のある事実上の実態を表すことを主目的としている。S. Sturn の右議論については，山川隆一「現代型雇用差別に対する新たな法的アプローチ」アメリカ法 (2002年) 2002(2)365頁以下，水町勇一郎編『個人か集団か？変わる労働と法』(勁草書房，2006年) 27頁以下 [水町勇一郎執筆部分]，182頁以下 [長谷川珠子執筆部分] など。
2) 白井晋太郎『男女雇用機会均等法・改正労働基準法の実務解説』(労務行政研究所，1986年) 63-66頁。

はできないと考えられたことを背景としていた[3]。

1997年均等法では、これらの特徴は事実上失われたが[4]、新たにポジティブ・アクションが明文化された。この制度は、「男女の均等な機会及び待遇の確保の支障となっている事情を改善することを目的として女性労働者に関して行う措置」（9条）を一定の要件の下に許容し、その実施について国の援助を可能とするものと設計された。右の定義で是正対象とされている「支障となっている事情」は、指針において「固定的な男女の役割分担意識に根ざす企業の制度や慣行に基づき、雇用の場において男女労働者の間に事実上格差が生じていること」と説明され[5]、本稿でいう差別的構造に該当する。ポジティブ・アクションの実施を支援するために取りまとめられた「女性労働者の能力発揮促進のための企業の自主的取組に関するガイドライン」[6]は、男女数や男女間に不均衡のある職種や管理職、勤続年数、職場環境・風土といった事柄を是正対象として掲げている。

2006年均等法では間接差別の禁止が明文化され、改めて差別概念のレベルで差別的構造を考慮する仕組みが整えられた。この差別概念は、主に差別的効果の判断基礎として差別的構造の存在を考慮し、構造的差別を禁止する力を有する。2006年均等法の制定にあたり取りまとめられた男女雇用機会均等政策報告書[7]では、間接差別に該当しうる事項として、転勤要件や学歴要件、世帯主要件といった事柄が指摘されており、これらの要件が差別的効果を持つ原因となる社会的実態――家庭責任負担や学歴の格差、世帯主の多くが男性である実態等――の存在が意識されている。

---

3) 同56-58頁。
4) 努力義務規定は禁止規定へと改正されたが、片面的規制は条文上残された。しかし指針及び通達において女性のみを対象とした措置や女性を有利に扱う措置も、職域分離を助長する効果を持つ点から、原則として女性差別に該当するものと定められたこと（「雇用の分野における男女の均等な機会及び待遇の確保等に関する法律の施行について」（女発168号第2の1(7)、「募集及び採用並びに配置、昇進及び教育訓練について事業主が適切に対処するための指針（以下、「1997年均等法指針」という）」（平10労告19号）2へ、3(1)へ）で、事実上片面性は失われた。
5) 1997年法指針第4。
6) 女性労働者の能力発揮促進に関する研究会（労働省、1997年）。
7) 厚生労働省、2003年。

差別的構造の存在は，均等法以外の法制度にも影響を与えてきた。例えば，育児介護休業法は，1986年均等法が使用者に女性のみを対象として育児責任に伴う負担を軽減する措置を講じる努力を求めていたものを，男女双方を対象としてこれを義務化した。この変化は，主な問題対象が育児責任負担の不均衡という差別的構造から，これが存在する場自体，すなわち育児責任の負担自体へと移動したことを示している。

以上のような差別禁止法制の展開の下で，差別的構造等は次第に是正対象として位置づけられる傾向にある。片面的差別禁止は，差別的構造を女性の優遇を認める所与のものとして位置づけていたが，間接差別及びポジティブ・アクションは，その内容を吟味の上，是正の対象として位置づけるものである。また，世帯主の多くが男性であることを理由に，世帯主であるか否かで取扱いを区別することについて差別的意図の存在を認めた事件[8]のように，差別的意図を証明するための事実として差別的構造が従来用いられることもあったが，間接差別の仕組みは，差別証明の過程に差別的構造を取り込み，これを吟味することを前提としている。さらに育児介護責任負担のように，特定の領域については差別的構造が存在する場自体を不利益ととらえて，これを是正する対応を義務化する動きも見られる。

2　差別的構造を是正対象として意識する傾向の背景

差別的構造等を是正対象として意識するこうした動きは，女性保護を廃止する流れの下で性中立的規制が一般化したこと，これと前後して直接的に性別を理由とする取扱いが社会から姿を消し始めたことといった社会の変化に裏付けられている[9]。差別的構造は，性中立的取扱いが用いられたときにこれが性中立的な影響をもたらさない効果，言い換えれば構造的差別を発生させる効果を有する。均等取扱いが原則となることは，これが真に均等な取扱いとなるために，

---

8) 例えば，三陽物産事件（東京地判平成 6・6・16労判651号15頁）。
9) 1986年法の下で男女平等が一定程度進展したことは，評価に差異はあるものの，多くの研究が指摘している（菅野和夫「雇用機会均等法の一年」ジュリスト（1987年）881号44頁，山田省三「雇用機会均等法から性差別禁止法へ」季刊労働法（1996年）178号12頁など）。

差別的構造の吟味を課題とする。

　また，この動きと平仄を合わせて，差別禁止法理が展開し，禁止される差別の内容が深化したことを指摘することもできる。機会均等が実現されたか否かを判定するにあたり，差別的構造が労働者にもたらした影響を考慮することは，労働者が差別的構造から自由な処遇を受けることを差別禁止法が保障することへと結びつき，差別的構造という状態自体を問題視する結果の平等という視点も視野に入ることになる。

　さらに育児介護休業法が女性の職場進出の支援だけでなく，育児介護責任を社会が負担することの制度化や少子化対策という側面を有するように，差別的構造が存在する場自体の問題性が，差別とは別の領域における議論の展開に伴って問われた経緯も存在する。差別的構造は，育児責任負担の男女間の不均衡というように，ある状態を男女の差の側面から表現したものであるが，このような不均衡が存在する場面自体を是正対象として認識することも，後述のように，構造的差別の発生を抑制することに結びつく。

　こうした差別禁止法制や関連法制度の展開傾向に逆行する展開を予想することは困難であり，差別的構造は差別禁止法制において引き続き意識される対象となろう。国連の女性差別撤廃委員会が，日本の女性差別撤廃条約の第六回実施状況報告を評価した「総括所見」[10]において，均等法の間接差別の定義の問題性や[11]，垂直及び水平的な職域分離に対応するための暫定的な特別措置を実施することの必要性を指摘したことは[12]，このような方向性を維持，発展させることを要請するものである。

3　差別的構造の特徴

　以上の展開において意識されてきた差別的構造の具体的内容は多様であり，これらを全て列挙することは不可能である。だが，差別的構造として認識され

---

10) Concluding observations of the Committee on the Elimination of Discrimination against Women (Committee on the Elimination of Discrimination against Women, 2009).
11) paras. 21-22.
12) para. 45.

てきた事実にはいくつかの共通する特徴を指摘することができる。

まず，差別的構造は，男女の職域分離や性役割分担意識のように客観的にも主観的にも発見可能であり，社会全体や個別企業，さらにはその企業内の個別の雇用区分といったように，社会の構成単位毎に発見することもできる多層的な存在であることである。一人の女性が，育児責任負担について差別的構造下にあると同時に，雇用形態について差別的構造下にあるというように，特定の個人が複数の差別的構造下にあることも想定され，どのレベルの差別的構造に着目するかにより，見える差別の像が変化する。

また，差別的構造は集団的に認識される特徴を有する。そのため，ある性別集団が構造的に不利な立場に置かれているという指摘は，この性別集団に含まれる個人の多様性を一定程度捨象した表現であり，当該性別を有する具体的個人がそれぞれ同一の不利な立場に置かれていることを必ずしも意味しない。例えば，男性よりも女性の方が重い家庭責任を負っているという社会的実態のとおりに，重い家庭責任を負い，長時間労働が困難な女性がいる一方，長時間労働が困難でない，あるいは家庭責任をほとんど負っていない女性も存在する。

そして，差別的構造は，使用者に限られない多様な主体や他の差別的構造の存在の関与を受けて，一定の時間の経過を経て形成されることがある。社会全体で見てパートタイム労働者に占める女性の割合が大きいことは，特定の使用者によって形成された事実ではないし，育児責任負担の男女間の不均衡という差別的構造が，パートタイム労働という働き方を選択する女性の割合を増やし，雇用形態における差別的構造の発生を助長している側面がある。特に比較的広い範囲に存在する差別的構造に着目した際にこの傾向が顕著となり，差別的構造が長期的に形成された場合には，その発生について特定の個人の差別的意図との結びつきが弱くなる傾向にある。

III 差別的構造の是正と差別禁止法

差別的構造が有する多層性と発生要因の多様性という特徴は，差別的構造等の是正という課題に対して，差別禁止法や雇用の場に限られない多様な領域か

らの取組みが可能であり，必要であることを示唆するが，本稿では，紙幅の制約上，雇用の場における間接差別とポジティブ・アクションに検討対象を限定する。これらは，差別的構造をその運用に反映する仕組みをそもそも備えていることから，以上に示した差別観の変化の影響を比較的受けやすいと考えられるためである。

1　差別的構造等の是正と間接差別
(1)　間接差別の機能と意義

均等法の指針は，間接差別を「①性別以外の事由を要件とする措置であって（基準等の証明），②他の性の構成員と比較して，一方の性の構成員に相当程度の不利益を与えるものを（差別的効果の証明），③合理的な理由がないときに講ずること（正当性の抗弁）」と定義する[13]。均等法7条の間接差別の定義は，適用範囲が限定され，この限りにおいて差別的効果の存在がみなされるなど諸外国の例と比較して特異なものであり，民法など他の法律の下でも間接差別法理はいまだ展開していないため，ここでは指針の定義に比較的近い諸外国の例を念頭に置いて検討を進める。

間接差別は，①構造的差別の禁止，②差別理由との関連性の高い差別の口実的な基準等の排除，③差別的構造が個人の選択に与えた影響の考慮といった機能を有しており[14]，それぞれ，①学歴・資格要件，②体力・体格要件，③フルタイム労働要件・転勤要件が争点化した場合をその機能が発揮される具体例として挙げることができる。この差別概念を日本において明文化したことは，実質的には直接差別に比較的近い問題をとらえる②の類型に関しては，従来型の差別禁止に新たな証明方法を，①と③の類型に関しては，差別的効果を持つ基準等を排除する形で構造的差別を禁止する新たな差別禁止の仕組みをもたらしたものといえる。このように間接差別は，均等取扱いの保障を主眼とするため，

---

13)　「労働者に対する性別を理由とする差別の禁止等に関する規定に定める事項に関し，事業主が適切に対処するための指針」（平18厚労告614号）第3の1(2)。

14)　長谷川聡「雇用における間接差別の概念と理論」日本労働法学会誌（2006年）108号197頁。

シンポジウム（報告②）

差別的構造の是正については，その発生要因の一つを排除することを通じて間接的に関与するにとどまる。

また，間接差別は，使用者に争点となった基準等の正当性を説明させることを通じて，事業に不可欠な採用・昇進基準や雇用管理上のカテゴライズの基準等の正当性を，使用者の差別的意図の有無を問わず問い直し，差別禁止の内容の展開を後押しする機能を有する。

(2) 差別的効果の証明と比較の基礎の変化

右のように差別的構造は，間接差別において間接的な是正対象として位置づけられているが，同時に，基準等の差別的効果の判定に用いる集団的比較の母集団という形で間接差別の証明ルールの中に組み込まれている。例えば，ある学歴要件が間接性差別に該当するか否かを争う場合には，当該学歴要件を満たす者の割合の男女間の差という差別的構造が存在することを労働者側が証明することになる。

ここで課題となるのは，差別的構造が存在する場のいずれを母集団とするかである。この点について，外国の例では，アメリカのように争点の基準等の適用範囲とするものと，欧州のように社会全体を母集団とすることを比較的広く認めるものがある。この違いは，各法域の差別観の違いを反映して形成されたものであるため，ここでの論点は，差別的構造等を是正の対象として意識するという差別観の変化が，差別的効果の証明ルールにいかなる方向性を与えるかになる。

差別の証明において行われる比較は，問題となっている取扱いや結果の原因が性にあることを示すために，性以外の状況について同質性のある似た者同士の間で行われるのが一般的である。間接差別で行われる集団的比較では，そもそも個人の相違が抽象化される傾向にあるが，基準等の適用範囲に母集団を限定し，当該基準がもたらした差別的効果を具体的に判定しようとするアメリカの手法は，比較される者の同質性を比較的高める点で，この基本となる考え方に比較的親和的である。ところが，多層的に存在し，同一の性別集団に属する

---

15) 長谷川・前掲注14)論文。

者の中にも置かれている不利な状態に相違のある差別的構造を考慮すると，母集団を限定したとしても同質性を確保することが困難となり，むしろ母集団を限定することで，構造的差別が多様な要因から発生することを見逃すおそれが意識される。この懸念に対応するには，母集団を社会全体に広げ，比較を抽象化する方向性を採用することが必要になろう。

(3) 正当性の抗弁と使用者の調整措置

比較は争点の取扱いや結果が性別という差別理由と結びつきがあるか否かを判定することをその役割の一つとする。したがって，比較が抽象的なものにとどまり，その証明が比較的容易になることは，不利益と性別との結びつきよりも，不利益それ自体の合理性に差別禁止法が着目する傾向を生み出すことになる。これは間接差別の文脈では，間接差別の証明において差別的効果の証明が争点化する可能性を低下させ，不利益の内容を問題とする正当性の抗弁が主たる争点となることを意味する。

差別的効果の証明の後に行われる正当性の抗弁では，争点の基準等が差別的効果を有することが前提となる。したがって，ここでの問題は，基準等と性別との結びつきが存在するか否かというより，この結びつきが存在することを前提として，発生した差別的効果の程度や性質が争点の基準等の利用を認めるにあたり許容可能な範囲のものか否かということになる。

差別の有無を実質的に判断する基準を一義的に決定することは困難であるが，少なくとも発生する差別的効果が小さい方が正当性の抗弁の成立を容易にすることは疑いない。例えば，一日8時間のフルタイム労働を要求することは，一般に女性にとって満たしにくい基準といわれる[16]。使用者が，この労働時間を一日6時間労働に変更したり，フルタイム労働を困難にしている要因の一つであろう育児介護責任を果たしやすくする措置を講じたりすることができれば，右の労働時間に関する基準を満たすことができる女性の割合が増大し，正当性の

---

16) 例えば，イギリスにおいて，フルタイムの行政官（executive officer）として勤務していた労働者が，出産休暇後に育児を行うためにパートタイム労働者として出産前と同じ職に復帰することを求めたが，フルタイム労働を要求してこれを拒否したことが間接性差別と認められた事件がある（The Home Office v. Holmes [1984] IRLR 299 EAT）。

抗弁も認められやすくなる。この点で，間接差別は，これの成立を回避しようとする使用者に，差別的効果を減少させる措置を講じることを事実上要請することになる。この要請の範囲は，被侵害利益の性質や差別的効果と性別との結びつきの程度といった点をふまえて，総合的に決定されることになるが，差別的構造を是正対象として意識することは，この措置が要求される程度を高めることになろう。

(4) 現行法における間接差別の展開可能性

以上の視点からすると，均等法の間接差別の定義は，その適用範囲が意図的に限定されている点で，間接差別が無意識の差別を発見し，使用者に対する問題提起を通じて差別禁止の内容を発展させる概念であることと矛盾する。また，雇用管理区分の範囲に比較の範囲を限定することは，使用者の意思により，検討対象となる差別的構造の範囲を決定することを許容することになり，雇用管理区分自体が間接差別による問い直しを予定するカテゴライズの基準の一種である点でも矛盾することになろう。

仮に均等法が改正されない段階であっても，民法等において間接差別を展開することは可能であることは，通達においても指摘されるところである[17]。そもそも間接差別も労基法4条にいう性を理由とする差別に変わりなく，公序概念も近年拡大して解釈される傾向にあることから[18]，間接差別の禁止が展開される法的基盤は既に整えられているが，差別的構造等を是正対象として意識する傾向にあることは，この基盤を充実させるものといえる。社会的秩序を出発点とする公序法理に基づいて差別禁止を実現してきた日本の経緯は，差別的構造等を是正対象として意識することがもたらす傾向と同様に，社会全体を差別的効果の有無を判定する基礎とすることに親和性を有するといえよう。

---

17) 「改正雇用の分野における男女の均等な機会及び待遇の確保等に関する法律の施行について」（平18・10・11雇児発1011002号）第2の2(3)。
18) 山本敬三『公序良俗論の再構成』（有斐閣，2000年）148頁以下。

2 差別的構造等の是正とポジティブ・アクション

(1) 均等法のポジティブ・アクションの定義と課題

ポジティブ・アクションの定義は多様だが，均等法では「雇用の分野における男女の均等な機会及び待遇の確保の支障となっている事情を改善することを目的として女性労働者に関して行う措置」と定義される（8条）。訴訟において用いられる法概念である間接差別とは異なり，争いの発生前に用いられる事実上の措置である。

ポジティブ・アクションが明文化された際に作成されたガイドライン[19]によれば，ここでいうポジティブ・アクションには，①「女性のみを対象とする又は女性を有利に取り扱うもの」と②「男女両方を対象とするもの」がある。前者は，「従来の取扱い等により女性に現実に生じた男性との差について，その是正を目的として暫定的に行うもの」，後者は，「男女を区別していない基準であるが，女性が事実上満たしにくいものについて，その基準や運用を見直すことや，個人としての能力に着目した公正で透明な人事制度の確立，職業生活と家庭生活との両立を容易にする取組等であり，継続して行われる必要のあるもの」と規定される。本稿では，前者を「積極的差別是正型ポジティブ・アクション」，後者を「均等取扱い型ポジティブ・アクション」と呼んで検討を進める。

ポジティブ・アクションでは，差別的構造は，まず是正対象として認識される。積極的差別是正型では「女性に現実に生じた男性との差」として，女性を優先的に管理職に登用するなどの方法で直接的な是正対象に，均等取扱い型では，「男女を区別していない基準であるが，女性が事実上満たしにくい」効果を発生する基準を是正し，これにより差別的構造の再生産を防ぐという形で，間接的な是正対象となる。

また，差別的構造は，積極的差別是正型のポジティブ・アクションの適法性を説明する要素の一つとして現れる。積極的差別是正型のポジティブ・アクションの実施にあたり，指針及び通達において，ある雇用管理区分において「女性労働者が男性労働者と比較して相当程度少ない」状態にあること，具体的に

---

[19] 「女性労働者の能力発揮促進のための企業の自主的取組のガイドライン」（労働省，1997年）。

は，日本における全労働者に占める女性労働者の割合を考慮して，当該雇用管理区分における女性労働者の割合が男性労働者と比較して4割を下回っていることを要件としていることはこの現れの一例である[20]。もっともこのような差別的構造の存在の証明をもって積極的差別是正型のポジティブ・アクションの正当化に十分であるかは，司法審査に服する争点であり，諸外国においてはまさにこの点が鋭く争われてきた。日本では，ポジティブ・アクションの実施が使用者の任意に委ねられてきたことなどから，このような論点が裁判上争われることはほとんどなかったため，ここでは，差別的構造を是正対象として効果的に把握しようとしたときにいかなる制度的な仕組みが必要となるか，という点に検討対象を限定する。

(2) 公的機関による実効性の向上

ポジティブ・アクションの効果的実施が課題となることは，右制度の明文化時点から意識されていた[21]。現行均等法は，事業主がポジティブ・アクションの実施を目的として雇用状況の分析や改善計画の作成といったことを行う際に，国が相談その他の援助を行うことができることを定めるにとどまり（14条），この課題に対する結論は先送りされた状態にある。

実効性を向上させる方法の具体像は，政策的判断により確定される部分が少なくないが，差別的構造が，歴史的に形成されたことで社会に根強く存在し，アドホックでない長期的な対応を必要とする性質を有することに鑑みれば，ポジティブ・アクションの実施を支援する常設的な公的機関が必要である。このような機関の設置は，性差別が反公序性を帯び，公的機関による規制になじむ

---

[20] 「労働者に対する性別を理由とする差別の禁止等に関する規定に定める事項に関し，事業主が適切に対処するための指針」第2の14，「改正雇用の分野における男女の均等な機会及び待遇の確保等に関する法律の施行について（平18・10・11雇児発1011002号）」第2の3(6)。

[21] 1997年の改正にあたり，衆議院では「ポジティヴ・アクション促進のための対策やセクシュアル・ハラスメント規定の実効性確保に向けた行政指導を強化すること」，参議院では「あらゆる分野の労働者に関するポジティヴ・アクションの促進のための対策を強化する」という付帯決議が行われた。また，2006年の改正時にとりまとめられた男女雇用機会均等政策研究会報告書（厚生労働省，2004年）は，ポジティブ・アクションの内容を周知することや，「規制的な手法によらず奨励的な手法において実効性を持たせるには，企業へのインセンティブ付与の工夫，特に企業トップに必要性を理解させる仕組みの在り方が重要であること」を指摘していた。

ことや[22]，女性差別撤廃条約の要請にも合致する[23]。

　このような機関にいかなる機能を担わせるかは検討すべき課題であるが，差別的構造が個人の意思と無関係に存在し，発見・対処方法が不明確になりがちであることを考慮すれば，ポジティブ・アクションの実施に関する情報提供と集約，ポジティブ・アクションの内容を明確化するための指針等の作成が最低限必要である。既に次世代法で実施されている行動計画の策定と実施状況の報告のように（12条，18条），事業主にポジティブ・アクションの実施計画の策定を求め，改善努力の定期報告を義務づけることも，長期的対応を必要とするという課題の特徴に沿う方法である。

(3)　労働者参加型の企業内部機関による実効性の向上

　もっとも，その位置づけ上，企業内の差別的構造等に企業の外から統一的基準を用いてアプローチせざるを得ない公的機関のみでは，企業ごとに異なる雇用管理や風土，労働者の意識などに多層的に存在する差別的構造の中に把握しきれないものが残る。これらを視野に入れたポジティブ・アクションを講じるには，企業組織・文化の担い手である労働者が参加する機関を企業ごとに設置し，この機関に，例えば，前述したポジティブ・アクションの実施計画策定への関与を認めるなど，ポジティブ・アクションの内容を検討する役割を担わせることが，差別的構造の特徴に即した解決策の一つとなる。例えば，ある企業の労働者が，フルタイム労働が困難であるという状況に置かれている要因が，当該地域の育児環境の不備なのか，勤務時間の硬直性なのか，残業が常態化した企業の雰囲気なのかはケースにより様々である。こうした問題の要因を最も熟知しているだろう労働者がポジティブ・アクションの制度設計に参加することは，企業の状態と労働者のニーズに合致したポジティブ・アクションが実施される可能性を高めることになる。

　ただし，この機関に参加する労働者が特定の性別や特定の職など，差別的構造が存在する場において特定の立場にある者に偏ったり，使用者がこの機関の

---

22)　青野覚「差別是正の実効性確保」浅倉むつ子＝深谷信夫＝島田陽一編『講座21世紀の労働法　第6巻　労働者の人格と平等』（有斐閣，2000年）271頁。
23)　supra note 10, paras. 24, 26, 46.

運営を制約したりした場合には，労働者の多様な問題状況が反映されないおそれがある。この点について，労働者参加型の企業内部機関の仕組みを法的に制度設計し，外部の公的機関が右企業内機関の運用状態を監視する役割を担う必要があろう。

3 差別的構造への着目と性差別禁止の法的性質

(1) 間接差別とポジティブ・アクションの相補性

以上に検討した間接差別とポジティブ・アクションは，そもそも機能する場面が異なる。ポジティブ・アクションは訴訟において利用されるものではなく，職場の男女の不均衡や雇用管理の改善それ自体を行う救済レベルの措置であるが，間接差別法理は主に訴訟において差別の合理性を判定するために利用される法理である。だが両者は，差別的構造を直接的あるいは間接的に是正すべき問題対象として位置づける点で共通する。

このことは，職場の男女構成を是正することや，育児を容易にする環境を整えることなどのポジティブ・アクションの実施が，間接差別の成立を基礎づける構造的差別の発生を抑制する力を持つことを意味する。例えば，前掲ガイドラインは，「男女を区別していない基準であるが，女性が事実上満たしにくいものについて，その基準や運用を見直すこと」をポジティブ・アクションとして定義するが，これはまさに間接差別が目指す効果である。間接差別は，訴訟の場で違法な差別の有無を争う労働者に積極的に用いられるだろうから，間接差別の成立を回避しようとする使用者は，間接差別の原因を是正する，すなわちポジティブ・アクションの実施を事実上強制されることになる。この点において間接差別は，ポジティブ・アクションを実施するインセンティブを使用者に与えており，両者は相互補完的な関係にある。[24]

(2) 差別的効果を減少させる調整措置

間接差別とポジティブ・アクションの機能的類似性は，差別的構造等を是正対象として視野に入れることが，従来原則と例外として截然と区別されてきた

---

24) 長谷川聡「雇用におけるポジティブ・アクションと間接差別法理の相互関係」中央学院大学法学論叢（2008年）21巻2号1頁。

差別禁止と積極的差別是正措置との差異を相対化することを示唆する。男女を問わない労働者全体の労働条件の底上げにつながる均等取扱い型のポジティブ・アクションのような措置についても，差別的構造を視野に入れることで，一方の性別に有利に働く差別的効果の存在が認められることになるためである。

　差別の証明における比較が抽象化し，差別的効果の証明が軟化することは，間接差別の問題提起の範囲を広げ，使用者に構造的差別を減少させる調整措置を講じる事実上の圧力をかける範囲を広げることにつながる。一方の性別集団を直接的に優遇する調整措置には，積極的差別是正型ポジティブ・アクションに対するような制約，日本では前述したような特定の雇用管理区分における男女の不均衡を必要とするなどの制約がかかるが，性中立的基準を用いた間接的優遇効果を持つ調整措置については，より緩やかな間接差別の審査をクリアすれば実施が可能になる。しかも労働条件を底上げし，構造的差別を減少させるという目的は，この審査において一般に正当性が認められるものである。

　そしてこれらの変化は，差別禁止法が，性別を理由とする差別的な取扱いを行わない不作為だけでなく，労働者が差別的構造から自由に働くことができるよう，積極的に労働条件を整備する作為を使用者に事実上要請するものになりつつあることを示唆する。比較の抽象化により，不利益と差別理由との結びつきというより，不利益自体を問題視する傾向が強まったことで，主に他者との関係でとらえられてきた差別禁止法は，被侵害利益の性質をふまえた検討をより重視する方向に展開することになろう。

(3) 調整措置の一般化と逆差別

　このように，一方の性別集団を優遇する効果を持つ調整措置を講じる圧力を使用者が広い範囲で受けることは，従来の経験からは，これがむしろ逆差別を助長し，かえって優遇される集団が劣る集団であるという意識や職域分離を強化することが懸念されよう。

　もっともここで問題となっている調整措置の中心は，優遇されない性別集団にも適用・利用可能性のある間接的優遇である。さらに，この間接的優遇という効果は，使用者の意図と無関係に発生し，差別的構造の漸進的解消と平仄を合わせてその構造的差別としての性質を失い，将来的に単なる労働条件向上措

置へ転化していくことが期待されるものである。使用者が設定した基準に基づいて直接的に特定の性別集団を優遇する積極的差別是正型ポジティブ・アクションとは問題状況が異なる。

また，性中立的な取扱いから発生する特定の性別集団に対する構造的差別は，その名のとおり，性別と同時に，これを媒介としてより直接的には，差別的構造が存在する事由に基づく差別としてとらえられる。諸外国において年齢基準[25]や雇用契約に期間の定めがあることなど[26]，一見性別とは無関係な基準に間接性差別が争われた事件が存在することは，このことを裏付けるものである。特定の個人の意思から離れ，歴史的・社会的に形成されたという差別的構造の特徴からすれば，性中立的な取扱いの適用によって構造的に不利な立場にある者に対して有利な効果が生じることが強調するのは，優遇される者の割合が高い集団が能力的に劣るということというより，この集団が社会的に不利な立場に置かれていることであり，こうした状態を放置している社会の問題性であることになろう。

IV　むすびにかえて

以上の検討によれば，差別的構造等を是正対象として意識するという差別観の変化は，差別の証明において比較が果たす役割の力点を，不利益と差別理由との結びつきの発見から，不利益自体の発見へと移動させることで，均等取扱いと積極的差別是正との差異を相対化し，構造的差別を減少させる措置を講じることを使用者に要請する方向性をもたらす。また，差別禁止の実効性を高める仕組みについては，長期的対応を可能にする公的機関の設置に加え，ポジティブ・アクションの内容決定に労働者が参加する企業内部の機関が関与する仕組みなど，企業ごとの構造的差別の発生要因の多様性に対応可能な仕組みを講じることに親和性を有するものであった。これらは，多層性，集団性といった性質を持つ差別的構造を考慮することが，性差別という概念に含まれる問題対

---

25)　例えば，Jones v. University of Manchester [1992] IRLR 218 CA。
26)　例えば，Whiffen v. Milham Ford Girls' School [2001] IRLR 468 CA。

象の広がりと多様性を明るみに出すことによりもたらされる効果であり，同様に，差別的構造等の是正が社会的課題であることを示すものであった。
　以上の方向性が展開する程度は，多層的に存在する差別的構造のどこまでを問題対象として認識するかにかかっている。類似の間接差別の定義を定めつつ，事実上適用対象の異なるアメリカと欧州の違いはこの点に関する理解の相違が差別禁止法の機能の違いを生み出した一例である。こうした差別観の形成は，本稿で論じた範囲においては，間接差別の問題提起機能や労働者が参加する企業内機関が実施すべきポジティブ・アクションの内容を検討する過程を通じて行われることが期待される。もちろん差別的構造の発生要因の多様性からいえば，差別禁止法や労働法領域に限られない他の領域の法制度や法理の展開状況にも注目する必要がある。男女共同参画社会推進法が，社会における制度や慣行が，性別による固定的な役割分担等を反映して，男女の社会における活動の選択に対して中立でない影響を及ぼすことを問題視することは，このような問題意識の必要性を裏付けるものである。
　右の検討結果により程度の差は発生するものの，差別的構造等を是正対象として意識する差別観は，差別概念を従来よりも拡大する効果を持つ。問題対象の拡大がこのような効果をもたらすことは，一般に見られるところであるが，これにより希薄化しがちな内容を類型化し，具体化する必要がある。被侵害利益の性質をふまえた問題の検討，法理の構築はその方法の一つであり，例えば，間接差別が持つ三つの機能に対応する事案類型は，それぞれ問題状況を異にするし，性差別とは一見無関係な基準等が争点化した際の実質的な被侵害利益の内容も多様である。
　こうした差別の発生について社会的問題としての側面を強調する観点が力を得ることは，調整措置の実施等，使用者が差別的構造や構造的差別の是正に取り組むことに対して公的制度によるサポートを充実させる必要性を根拠づける。用意された制度の内容や事業主がこれを活用した程度は，使用者が間接差別を回避するために事実上要請される調整措置の内容に影響を与えることになろう。

　　　　　　　　　　　　　　　　　　　　　　　（はせがわ　さとし）

雇用形態間における均等待遇

緒 方 桂 子

(広島大学)

Ⅰ　はじめに

　近年，パートタイマー，アルバイト，派遣労働者，契約労働者といった非正規労働者の量的拡大はすさまじく，現在，労働者の3人に1人が非正規労働者であるとされる[1]。そして，このように非正規労働者の量的拡大が進むなか，いわゆるリーマン・ショックとその後の経済危機に直面して，その雇用の不安定さと正規労働者との間の処遇格差の問題があらためて大きく取り上げられることになった。それは，雇用のあり方が「多様化」したことのみならず，「働いても食べていけない」ワーキングプアの問題に表象される，いわば雇用の「階層化」とその下の方に属する層の拡大，そして，それが雇用全体の労働条件水準を引き下げているといった事態が，今後の日本社会にとって，非常に深刻な問題を引き起こすことが認識されたためであると考えられる。

　筆者は，こういった事態を労働法が克服すべき現代の課題と捉え，そのような観点から雇用形態間の処遇格差の問題について取り組む必要を感じている。そこで，本稿では，雇用形態間の均等待遇原則を法的に確立することの必要性について論じ（Ⅱ），日本法における雇用形態間の処遇格差是正のためのひとつのモデルである2007年改正パート労働法の特徴と問題点を明らかにしたうえで（Ⅲ），雇用形態間における均等待遇を確立するための試論を提示したい

---

[1] 総務省統計局が発表した雇用形態別の雇用者数をみると，役員を除く雇用者が年平均で2007年には5174万人であったものが，2008年には5159万人，2009年には5102万人へと減少した。そのなかで，正規雇用者が3441万人から3399万人へ42万人減少する一方，非正規雇用者は1732万人から1760万人へ28万人増加している。2009年の非正規雇用割合（役員を除く雇用者に占める非正規雇用者の割合）は33.7％である。

(Ⅳ)。

Ⅱ　雇用形態間における均等待遇禁止原則確立の必要性

1　法的規制の必要性

　先に，非正規労働者の雇用の不安定さと処遇格差は克服すべき課題であると述べたが，これに対しては，私人間において保障される契約自由の原則を貫徹すべきであって，雇用形態間に生じる処遇格差を法的に規制する必要はなく，労働市場に委ねるべきであるとの考え方もある[2]。

　しかしながら，筆者はそのような立場をとらない。その理由は以下の3点である。第1に，まずなによりも自立して生活していくことが困難なほどの低賃金層が拡大しており，多くの非正規労働者がその低賃金層にあるということである[3]。低賃金層の拡大は，生存維持の問題や就業期間中あるいは年金受給年齢到達後に貧困に陥る危険を高める。このような事態を放置することは，憲法25条の生存権保障及び27条2項が規定する勤労条件法定原則の趣旨にも反する事態であるといいうる。

　第2に，非正規労働者であるという「属性」が，労働条件の低さに直結する実態があることである。たしかに，パートや派遣といった雇用形態は本人が自らの意思に基づいて選択したものであり，また，非正規労働者と正規労働者との間の処遇格差は，人種，性，思想信条といった我々が克服すべき偏見に直接

2）　たとえば，菅野和夫＝諏訪康雄「パートタイム労働と均等待遇原則」北村一郎編集代表『現代ヨーロッパ法の展望』（東京大学出版会，1998年）113頁以下は，パートタイム労働者に対する均等待遇原則は先進諸国に普遍的な法原則とまではいえないとし，かえって均等待遇原則の立法化は，パートは単純定型労働へ，正社員は非定型的判断的な労働へという経営側の対応を招いて，結局，パートタイム労働者の地位向上にはつながらないとの見解を示している。

3）　たとえば，厚生労働省が平成21年9月30日に公表した「平成21年有期労働契約に関する実態調査（個人調査）報告書」によれば，有期契約労働者についてその年間収入が300万円以下の層に属する割合は総数で82.5％（男性66.3％，女性91％）にも達する（同報告書105頁）。また，その続柄をみると，総数で，世帯主（本人）である割合が41％（男性75.5％，女性23％），世帯主の配偶者である割合が34％と，世帯主割合が高くなっている（なお，それに続く続柄は「子」22.8％である）。

的に基づくものでもない。両者の間の処遇格差は，むしろ経営効率を高めようとする使用者の経営手法のなかから生じたものであって，その意味では性や人種等を理由とする差別とは異なる性格を有している。それゆえ，労基法3条が差別禁止事由として掲げる「社会的身分」のなかに雇用形態は含まれてないと解されてきたのである。しかし，先に指摘した非正規労働者の量的拡大，とりわけ非自発的に非正規労働者として就労する者が量的に拡大してきたこと[4]，及び，本来は一時的・臨時的需要に対応する働き方と位置づけられる非正規労働でありながら，同一の事業場で恒常的に就労したり，場合によっては正規労働者と質・量的に大きな差のない労働に従事するという質的な変化があるなかで，なおも低い労働条件を甘受している実態に鑑みるとき，「社会的身分」とカテゴリ化するかどうかはともかく，非正規労働者であるという「属性」による労働条件差別ともいうべき状況が生じているといわざるをえない。雇用形態の選択が本人の自由な意思に基づくものであるという前提が大きく崩れてきているなかで，低い処遇を甘受しなければならない状況に置かれている非正規労働者の現実を放置することは，憲法14条が定める平等原則に反し[5]，また同条の基礎にある憲法13条の人格尊重の理念にも反することになる[6]。

　第3に，法政策の観点からも，法的規制の必要性は正当化されうる。すなわち，「雇用形態の多様化」自体は，現代社会における不可逆の流れであると考えられる。非正規労働は企業の一時的・臨時的な需要に応える有用な働かせ方であり，また，非正規労働の形態のうちでもパートタイム労働は，仕事と私生活の両立（ワーク・ライフ・バランス）を実現する働き方のひとつとして，労働

---

4) 厚生労働省が平成20年11月7日に公表した「平成19年就業形態の多様化に関する総合実態調査」によれば，現在の就業形態を選んだ理由について（正社員・出向社員以外の労働者に対する質問），「正社員として働ける会社がなかったから」と答えた者の割合は全体では18.9％（男性23.9％，女性16.5％）であるものの，就業形態別では派遣労働者で37.3％，契約社員で31.5％となっている。また年齢でみると，25～29歳の層がもっとも高く（33.8％），大学等卒業後正規労働者としての地位を得ることができずにそのまま非正規労働者となってしまった者が多く含まれるのではないかと推測される。

5) 憲法14条1項は，同項に掲げられている事由のみならず，法律上まだ明確に禁止されていない差別を排除するための一般的規定ともなる（芦部信喜『憲法学Ⅱ　人権総論』（有斐閣，1994年）294頁以下，和田肇『人権保障と労働法』（日本評論社，2008年）26頁以下参照）。

6) 樋口陽一『憲法〔第3版〕』（創文社，2007年）211頁。

者に資する面もある。しかしながら，先に述べたように，非正規労働者であるということが低劣な労働条件に直結している場合には，労働者の納得のいく形での雇用形態の多様化は進まず，多くの非正規労働者は，非正規労働から正規労働への「脱出」を望む。非正規労働者のなかに正規労働での就業を望む者が少なくないことは，その証左であろう[7]。雇用形態の多様化を肯定的に捉え，今後の労働のあり方としてさらに発展させていこうと考えるのであれば，適切にそれをコントロールすることが必要であり，そこで就業する者の納得を保障する法制度の整備は避けられない。

現在，非正規労働者をめぐっては，「雇用の安定」や「公正な待遇等の確保」がキーワード化している[8]。これらを法制度の整備を通じて実現することが，日本経済社会の持続的な発展を可能にするための必要条件であるとする考え方は[9]，その発想として納得できるものであり，非正規労働への対応のあり方としても妥当である。

2 「均等待遇」を論じる視点

(1) 「均衡処遇」と「均等待遇」

ところで，本稿では，非正規労働者について「正規労働者との均等待遇」ないし「雇用形態を理由とする差別的取扱いの禁止」の原則を確立すべきと主張[10]

---

7) 前掲注4）「平成19年就業形態の多様化に関する総合実態調査」によれば，「他の就業形態に変わりたい」と答えた労働者（正社員以外）の割合は30.6%（男性39.5%，女性26%），そのうち「希望する就業形態」として「正社員」を挙げた労働者の割合は90.9%である。

8) たとえば，菅野和夫「雇用システムの変化と労働法の課題」ジュリスト1347号（2007年）5頁は，「労働政策審議会では，今後の労働政策の基軸は，職業生活の安定と公正さを確保し，働き方の多様性を尊重する『上質な市場社会』の実現にあるとする研究会提言を受けた」と発言している。

9) たとえば，「有期労働契約研究会中間とりまとめ」［第1総論的事項］（2010年3月17日）労旬1722号57頁など。

10) 本稿においては，「雇用形態間の均等待遇」と「雇用形態を理由とする差別的取扱いの禁止」を同義で使っている。また「均等待遇」には，一般的に労働者を差別してはならないという「一般的均等待遇原則」と，特定の事由について明確な法的効果をもって差別を禁止する「均等待遇」があると解されるが，本稿では，後者の意味で使っている。「差別禁止原則」と「一般的均等待遇原則」との関係については，西谷敏『人権としてのディーセント・ワーク』（旬報社，2011年）191頁参照。

している。その理由について述べておきたい。

近年，日本においては，雇用形態間の取扱いについては，「均等待遇」が否定されるわけではないものの，より有力に「均衡処遇」の要請が主張されている。「均等待遇」とは，等しいものを等しく取り扱うとする平等原則に基づいた要請であるのに対し，「均衡処遇」とは，職務内容のほか，配転や残業などの拘束関係，勤続年数などとのバランスのとれた処遇を求める概念である。

均衡処遇の概念は，正規・非正規労働者間の差別的取扱いの禁止の要請がヨーロッパ大陸諸国で支配的な同一価値労働同一賃金の原則をベースに成り立っていることを指摘し，ヨーロッパのような職種別の企業横断的な賃金市場が確立されていない日本にそれを導入することは不適当であるとしながら，しかし処遇格差の是正を市場や労使自治に委ねてしまうことも問題であると捉えるなかで提唱されてきた，日本独自の考え方である。[11]

このようにして立てられた均衡処遇概念には，均等待遇の要請にはない，いくつかのメリットがあると考えられるが，そのひとつとして，均衡処遇概念が等しいものの間においてはもちろん，等しくないものの間においてもバランスのとれた処遇を要請している点が挙げられる。[12] また，均衡処遇概念は，主に正規労働者に対して行われる長期雇用を前提とした賃金制度や処遇——配転・転勤による業務や就業場所の頻繁な変更，長時間にわたる時間外労働も含む——のあり方自体を変化させることなく，そういった正規労働者を前提としながら非正規労働者に対する均衡のとれた処遇を要請するものであるから，より日本社会に受け入れられやすいものと考えられる。現在，均衡処遇概念は，パート労働法9条及び労契法3条2項に規定され，また労働者派遣法改正案のなかにも見出される。

---

11) 土田道夫『労働契約法』（有斐閣，2008年）682-686頁。同「パートタイム労働と『均衡の理念』」民商法雑誌119巻4・5号（1999年）543頁以下。同論文において「優れて日本的な法理」と表現されている（580頁）。

12) これに対して，差別的取扱いの禁止は，比較可能な者との間の合理的理由に基づかない差別を禁止するというものであるから，比較可能な対象者がいない場合には比較そのものが困難になってしまうという問題を抱えている。このように，均衡処遇の概念は，差別的取扱い禁止よりもより広く処遇をめぐる法的問題に対処しうる可能性を持つ。

(2) 「均衡処遇」概念の限界と「均等待遇」要請の意義

ところが,以上のような可能性を持つ概念でありながら,均衡処遇概念を具体的に法制化した2007年の「短時間労働者の雇用管理の改善等に関する法律」(以下,「パート労働法」という。)が,正規労働者とパート労働者間の労働条件格差の是正にとって実効性のあるものであったかといえば疑問である。たしかに,パート労働法が実効性の乏しいものとなった大きな原因は,後にも検討するように,その規制方法によるところが大きい。しかし,やはり根本的な考え方において均衡処遇概念は,正規・非正規労働者間の処遇のあり方の理念として不十分であったことにもその理由があるように思われる。

すなわち,均衡処遇概念は,同一職務に就いている者であっても,一方が有期労働契約で雇用され,他方が期間の定めのない労働契約で雇用されている場合,あるいは,配置変更やその範囲に違いがある場合,両者の間に処遇格差があったとしても,それが「バランスのとれたもの」である限り,適法であるとみる。しかし,「バランスがとれている」か否かを一体どのようにして測るのか。また,そもそもなぜバランスがとれていれば両者の処遇格差は正当化されるのか。これについて,たとえば「潜在的な期待度の違い」といった説明がされたとしよう。しかし,その「潜在的な期待度」が職務と関連した具体的かつ合理的な内容を伴っている場合には別段,そうでないにも関わらずそのような曖昧な理由づけを許すならば,均衡処遇概念は実際には目に余るほどの著しい格差を是正する手法に過ぎないものに堕することになろう。それは,先述した「属性による差別」を助長する危険性を孕んでいる。

思うに,このようなことが生じるのは,非正規労働者と正規労働者との間の均衡処遇という概念が,非正規労働市場を正規労働者に関する内部労働市場から区別しつつ,それ自体を良好な労働市場として育成しようとする政策に根ざしたものであるという性格を強く有するからである。[13] しかし,先に述べたように,非正規労働者が量的・質的に変化しているなかで,このように労働市場を分断して捉えることの妥当性には疑問がある。むしろ自らの意思に基づく雇用

---

13) 土田・前掲注11)民商法雑誌549頁。

シンポジウム（報告③）

形態の選択が困難になり，構造的により低い労働条件の非正規労働に従事する労働者が増大している現代社会においては，正規労働者と非正規労働者との間の処遇格差の問題は，自らの意思では超えられない社会的な偏見に基づく性差別や思想差別等の問題と共通する人権の問題として捉えられるべきであって[14]，その観点からの処遇のあり方が要請されるべきである。

パートである女性労働者と女性正社員との間の賃金格差が問題となった丸子警報器事件[15]は，「およそ人はその労働に対し等しく報われなければならない」という均等待遇の理念が労基法3条，4条といった差別禁止規定の根底に存在し，それは人格の価値を平等とみる市民法の普遍的な原理であると位置づけた。同判決は，雇用形態を理由とする差別禁止が法的に確立していないなかで出された判断であったため，その結論において一定の限界があったが[16]，今後はこのような考えを非正規労働者一般に対する処遇のあり方として法的に確立していくことが重要であると思われる。この点については後述する（Ⅳ）。

---

14) 西谷・前掲10)書186頁。
15) 長野地上田支判平成8・3・15労判690号32頁。
16) 前掲丸子警報器事件は，原告である臨時社員の賃金が同一勤続年数の女性正社員の8割以下となるときには違法になると判断した。2割の幅を認めたこの結論から，同判決は「均衡処遇」に則したものという解釈の余地もあろうが，同判決が，「均等待遇の理念」は「抽象的なものであって，均等に扱うための前提となる諸要素の判断に幅がある以上は，その幅の範囲内における待遇の差に使用者側の裁量も認めざるをえない」と述べていることに照らせば，むしろ，パート労働者に対する厳格な差別禁止原則が確立されていない法制度の下で，契約自由の原則と労働契約上の一般的な義務である均等処遇の要請とが調和する点を正社員の賃金の8割としたと解するのが妥当である。そのように解することで，いったん違法とされながら「同一」ではなく比例的に取り扱う結論に至ったことに対する批判（浅倉むつ子「労働判例研究」法時68巻9号（1996年）81頁）への答えともなりえよう。
なお，上述の内容はドイツ法の判例法理として確立している der allgemeine arbeitsrechtliche Gleichbehandlungsgrundsatz（一般的な労働法上の平等取扱い原則）に則して発想するものであるが，日本の労働法においてもこのような考えを否定する理由はない。ドイツ法については，レーヴィッシュ（西谷敏ほか訳）『現代ドイツ労働法』（法律文化社，1995年）51頁以下。

Ⅲ　パート労働法にみる法的規制の特徴と課題

1　パート労働法の特徴

(1)　次に，非正規労働に対する正規労働との均等待遇をどのように確立するかという問題について検討する前提として，現行法であるパート労働法の特徴と課題を明らかにしたい。同法は2007年改正により，パート労働という限定された対象ではあれ，非正規労働と正規労働との差別的取扱いの禁止と均衡処遇の実現へ向けた法規制を行った初めての法律であり，また，客観的な要素による比較の手法を施行規則を通じて相当詳細にわたり規定している。さらに，有期労働契約に対する法的規制について検討した有期労働契約研究会（座長：鎌田耕一教授）は，その報告書のなかで，有期労働者に対する待遇改善をパート労働法を参考にしていくと述べている[17]。このように，パート労働法は日本における今後の非正規労働全般の処遇に関する法的規制のひとつのモデルと位置づけられる。

(2)　パート労働法は，「職務の内容」，「職務内容・配置の変更の範囲」，「労働契約期間の定めの有無」の3点について通常の労働者と同一であるとの要件を満たしたパートタイム労働者を「通常の労働者と同視すべき短時間労働者」として，その者に対する差別的取扱いを禁止するとともに，それらの要件を満たさないパート労働者を通常の労働者との差異の程度の応じてさらに3つに区分し（「職務内容同一短時間労働者であって，職務内容・配置の変更が同一であるが，有期の労働契約で雇用されている者」，「職務内容同一短時間労働者であって，職務内容・配置の変更の範囲が異なる者」，「それ以外の者」），それぞれについて，賃金の決定，教育訓練の実施及び福利厚生の実施の処遇ごとに求められる措置を規定している。

ところで，パート労働者の待遇に関する国際的な動向を見てみると，国際条約であるILO 175号条約及び182号勧告は，パート労働者の賃金について比較

---
17)　有期労働契約研究会「報告書」（平成22年9月10日公表）。労旬1735-36号（2011年）111頁。

可能なフルタイム労働者の基本賃金との比例平等を求め，それ以外の労働条件についても，同一，同等ないしは比例的な待遇を保障すべきことを求めている[18]。また，先進諸国においても，パート労働について差別的取扱いを禁止する法制をもつ国は少なくない[19]。これらの規定と比較した場合，日本のパート労働法の顕著な特徴として大きく3点指摘できる。すなわち，第1に，同法が定める差別的取扱い禁止の適用要件が厳しいこと，第2に企業の裁量的決定が尊重されていること，第3に法的効果が明確とはいえない「努力義務」「配慮義務」等による規制する手法を採っていることである。

2 検　討

(1) 差別的取扱い禁止の適用要件

まず，同法が差別的取扱いの禁止の対象となるパート労働者を厳格に限定する理由については，日本の雇用慣行との整合性のほか，法的安定性[20]及び統一的・画一的な行政指導の可能性の確保といった理由[21]によるものと考えられる。

---

18) ILO175号条約（1994年）は，第5条において，「パートタイム労働者が同一の方法で計算された比較可能なフルタイム労働者の基本賃金よりも低い，時間，業績，または出来高ベースで比例的に計算された基本賃金を，単にパートタイムで働いているという理由から，受け取ることのないように保障するための国内法令及び慣行に適合的な措置を採るものとする」と規定する。また，パートタイム労働に関する182号勧告は，比較可能なフルタイム労働者概念について，①当該パートタイム労働者と同一の型の雇用関係にあり，②同一のまたは類似の型の労働または職業に従事し，かつ，③同一の事業所または当該事業所に比較可能なフルタイム労働者がいない場合は同一企業または同一企業にそれがいない場合は同一産業部門に雇用されている者とする。
19) たとえば，EUパートタイム労働指令（1997年12月）「雇用条件に関して，パートタイム労働者はパートタイムで労働するという理由だけでは，客観的な根拠によって正当化されない限り，比較可能なフルタイム労働者よりも不利な取扱いを受けないものとする」と規定する。また，ドイツの「パート及び有期労働契約法」（TzBfG）4条1項1文は，「パート労働者は，パート労働であることを理由として，比較可能なフルタイム労働者よりも不利益に扱われてはならない。ただし，合理的な理由によって別異の取扱いが正当化される場合は別である」と規定する。
20) それゆえ，パート労働法が改正された2007年当時同法8条の対象となるパート労働者は全体の4～5％程度にとどまるとされた。
21) 前掲注17) 有期労働契約研究会「報告書」。また，水町勇一郎『パートタイム労働の法律政策』（有斐閣，1997年）240頁は，裁判所による権威的決定は随意的でかつ市場への攪乱効果を持ち不効率であるとの立場から，裁判所による判断を回避すべきとする。

しかし，これらの理由は差別的取扱い禁止の対象者を厳格に限定することを合理的に正当化するものとは考えられない。

まず第1に，日本の雇用慣行との整合性というのは，日本において職務ごとに賃金が決定される職務給制度が一般的でないこと，EU諸国のように産業別の団体交渉などを通じた超企業的な職種別賃金率決定の仕組みがないこと，また正規労働者に対しては長期雇用を見据えた賃金及び処遇システムが設計されていることが一般的であることゆえに単に職務内容の同一性にとどまらない要素を含めた基準が必要とされることを指す[22]。

たしかに日本の賃金体系はEU諸国のような職務給制度を採っていない場合も多く，正規労働者の賃金も長期雇用を前提とした要素を加味して決定される場合が多い。しかし，問題は，現に同一の労働をしている労働者グループ間に生じている処遇の差異が適法か否かなのであって，仮に一方グループについて長期雇用を前提とするがゆえに相対的に高額の賃金が支払われていたとしたら，長期雇用と処遇格差との合理的な関連性が問われなければならないはずである。しかしながら，比較対象者選定の段階で，現に提供している労働と直接的な関係が不明確な要素（たとえば「期間の定めのない契約」の有無）によって法適用の対象者が絞り込まれてしまうならば，その段階で比較可能性が失われ，当該労働者グループに低い処遇が与えられている理由の適法性が問われないまま，放置されてしまうことになる。そのような扱いは，両グループ間にある格差を固定化あるいは場合によっては拡大してしまう危険すらある。

第2に，法的安定性の確保という観点からは，たしかに差別的取扱いの禁止の対象を広く捉え処遇の差異の合理性を審査する法的規制の方法を採った場合，最終的に裁判所にその判断が委ねられるために，事案ごとに判断のばらつきがでることが懸念される。しかし，そのことは処遇の差異の合理的理由を精緻化する要請には結びつくとしても，差別的取扱い禁止の対象者を厳格に絞り込むことの理由にはならない。

第3に，パート労働法は，差別的取扱いの禁止の対象者以外のパート労働者

---

22) 菅野＝諏訪・前掲注2)論文119頁以下。また，前掲注17)有期労働契約研究会「報告書」も同様の趣旨のことを述べる。

について努力義務や配慮義務といった行政指導を中心として法的規制を行う方法を採っている[23]。統一的・画一的な行政指導を行うためには，その指導基準が明確であることが求められるが，同法はそれに則した規定となっている。

しかし，このような規制方法は，規制の「抜け道」を作ってしまい，かえってパート労働者の人格的利益の保護を危うくするおそれがある。現在の法規制の方法では，企業としては，正規労働者とパート労働者とで異なる雇用管理区分を設けることによって，差別的取扱い禁止の規制（パート法8条）を回避し，同一の方法による賃金決定ないし均衡考慮の取扱いが努力義務（同法9条1項，2項）であることを盾にとって，十分な施策を講じないことも可能だからである[24]。もちろん，努力義務といえども，均衡処遇が行われていない実態を積極的に維持すること，あるいは，それを拡大するような措置をとることは，パート労働法の趣旨に反するとして不法行為が構成されるとすることは可能ではあるが[25]，その場合であっても，当該会社の行う処遇がいかなる点において均衡処遇に反しているかについて，その違法性を主張する労働者が主張立証責任を負うことになり，大きな困難を伴う[26]。いずれにせよ，行政指導という規制方法を採

---

23) パート労働法は，パート労働者を就業の実態に応じて4つのカテゴリに分ける際に，その基準を「短時間労働者の雇用管理の改善等に関する法律の一部を改正する法律の施行について」（平成19年10月1日基発1001016号，以下「施行令」という。）によって詳細に規定している。

24) 嘱託職員である労働者が一般職員の労働と同一であるにも関わらず，一般職員よりも低い賃金を支給したことが不法行為に該当するとして一般職員と同等に扱われた場合の賃金と実際に受領した賃金との差額相当額等を請求した京都市女性協会嘱託職員賃金差別事件・大阪高判平成21・7・16労旬1713号40頁は，パート労働法改正前の事件ではあるが，原告・控訴人労働者の労働が一般職員の労働と比較して同一（価値）とはいえないとしたうえで，「それ以外の短時間労働者については努力義務としている（同法9条）点に照らせば，同一（価値）労働と認められるに至らない場合においても，契約自由の原則を排除して，賃金に格差があれば，直ちに賃上げを求めることができる権利については，実定法上の根拠を認めがたい」として不法行為該当性を否定した。努力義務規定であることが，労働者にとってきわめて不利な形で影響を及ぼしていると考えざるをえない。

25) 昭和シェル石油事件・東京高判平成19・6・18参照。

26) 前掲注24)京都市女性協会嘱託職員賃金差別事件・大阪高判は，原告・控訴人労働者が，その労働価値の際に比べて，なお賃金格差が著しいことを理由に不法行為の成立を主張したことに対して，「労働の価値を判断する上で控訴人と比較対照しうる一般職員を見出すことができ」ず，「一般職員の労働との間には，被控訴人における慣行や就業の実態を考慮しても許容できないほど著しい賃金格差があるとまで認めることができない」と判断した。

るがゆえに，適用要件を不必要に厳格化することは，本末転倒の事態を生ぜしめる。

2　職務内容・配置の変更にかかる企業の裁量的決定の重視

次に，パート労働法は，通常の労働者と同視すべきパート労働者の処遇全般，職務内容同一短時間労働者に対する教育訓練及びパート労働者に対する福利厚生施設利用以外の点について，努力義務の対象とすることにより（パート労働法9条1項及び2項，同10条），各企業の決定を緩やかに規制するにとどめている。[27]

たしかに，賃金制度をどのように構築するか，また，いかなる者に対して，どのような目的をもって教育訓練を行うか等について，企業は自由に決定することができる。また，一般に職務内容や配置の変更の範囲が広い労働者は，使用者の側からみれば「使い勝手がよい」ということができるが，そのことをどの程度処遇格差に反映させるべきか，指標を提示することは困難である。その意味で，直接的な法規制になじまないというのは理解できなくはない。しかしながら，間接的に努力義務規制を課して変化を待つというのでは，結局，「何もしない」ということと同義になってしまうのが現実であろう。[28] そうであれば，使用者の裁量的判断の自由を認めるとしても，その妥当性を担保する仕組みが求められることになる。

Ⅳ　試　　論

1　規制の枠組み

以上を前提に，雇用形態間の均等待遇を現実化するための法的規制のあり方

---

27) このうち，「職務内容」と「職務内容及び配置の変更」が通常の労働者と同一ではあるが労働契約期間に定めがあるパート労働者について，通常の労働者と同一の方法により賃金を決定することを努力義務としているのは，「当分の間」の措置と位置づけられているが（施行令3-4-(4)），他方，通常の労働者と職務内容のみ同一であるパート労働者あるいは職務内容が異なるパート労働者については，何をもって均衡を考慮した賃金決定であるといえるかは各企業の判断に委ねられている。
28) 西谷敏「パート労働者の均等待遇をめぐる法政策」日労研518号（2003年）65頁。

について，検討してみたい。
　まず，Ⅱ2(2)で述べたように，雇用形態間の処遇格差は労働者の人格的利益を侵害する差別の問題として捉え，それを克服するための法規制へと展開すべきである。そのことを明確にするために，非正規労働者であることを理由に比較可能な正規労働者よりも不利益に取り扱うことを禁止する旨の一般的な差別禁止規定を置き，合理的理由がある場合について処遇に格差を設けることを許す法的規制の枠組みへと変えていくことが求められる。[29] 処遇格差の違法性を主張する非正規労働者は，①比較可能な正規労働者（フルタイム労働者）との間に，②処遇の格差があることを主張立証すればよく，これに対して，処遇の適法性を主張する使用者は当該処遇が合理的理由によるものであることを立証しなければならない。[30]

2　比較対象者の選定
(1)　基本的な考え方
　ところで，いかにして，「比較可能な正規労働者」を選定するかは重要な問題である。先述したように，問題は，現に同一の労働をしている労働者グループ間に生じている処遇の差異が適法か否かである。そうであるとすれば，現に行っている労働を中心に比較対象者の選定を考えるべきであり，具体的には，中核的業務[31]の内容が実質的に等しい者を選定することになる。[32]
　派遣労働者については，差別的取扱いの禁止の対象となるものの，比較対象

---
29)　島田陽一「非正規雇用の法政策」日労研462号（1998年）37頁，奥田香子「パート労働の将来像と法政策」西谷敏＝中島正雄＝奥田香子編『転換期労働法の課題』（旬報社，2003年），川田知子「パートタイム労働法八条の差別禁止規定の問題と今後の課題」労旬1711号（2010年）66頁。
30)　現行パート労働法についていえば，同法8条の適用要件を修正し，比較可能な両者間に合理的理由がない限り不利益な取扱いを禁止する旨の規定へと改めることが考えられる。このような規制方法は，別段使用者に過度の負担を課すものではなく，むしろパート労働法が使用者に課している労働条件決定に係る事項についての説明義務（13条）と平仄が合うことになる。
31)　施行令によれば，中核的業務とは，与えられた職務に本質的又は不可欠な要素である業務，その成果が事業に対して大きな影響を与える業務，労働者本人の職務全体に占める時間的割合・頻度が大きい業務を指す。

者の選定をいかにするかという問題がある。この点，当該派遣労働者が就労する派遣先会社で雇用される労働者を，比較可能な通常の労働者と捉えるべきであろう。なぜなら，差別的取扱いの禁止は，提供される労務に対して等しく報わなければならないという要請をその基本的な内容としているからである。派遣先事業主が直接雇用する労働者について決定した労働条件と，派遣元事業主が派遣労働者に対して行う処遇とを比較することは，特殊ではあるが，「使用」と「雇用」の分離という派遣労働の特徴に即したものである[33]。

(2) 比較対象者がいない場合の処理方法

均等待遇の要請は，比較可能な者の間における差別を禁止するものであるから，基本的には比較対象者の存在を前提としている。比較対象者がいなければ差別的取扱いが行われたとの主張はできない。これが均等待遇の要請の弱点であるともいえる。

同じような問題意識はヨーロッパにもあり，そのようななかでEU指令やドイツ法では，問題となった時点における比較対象者のみならず，過去における比較対象者を設定し，それでもなお比較対象者が見出せない場合には，仮想的

---

32) パート労働法はこれに加えて，「当該業務に伴う責任の程度」を「職務の内容」の同一性判断のなかに含めることとしているが，当該業務に伴う責任の程度に違いがあるとすれば，それは処遇格差の合理的理由の有無のレベルで審査すれば良いのであって，いたずらに比較対象者の範囲を限定する必要はない。また，この観点からすれば，職務の内容・配置の変更の同一性や，期間の定めのある労働契約を締結しているか否かといった指標もまた，比較対象者の範囲を制限する指標としては不必要である。いずれも，同じく処遇格差の合理的理由の有無のレベルで考慮されるべき事情となる。

さらに，比較対象者選定にあたっては，あくまでも提供している職務に則して判断されるべきであるから，たとえば採用の際の事情等（学歴，年齢，採用手続の違い等）も，比較対象者を選定する基準とすべきではない。これらの事情が，処遇に反映しているというのであれば，それが処遇格差の合理的理由になるかという観点において考慮されるべきである。

33) この点，現在上程されている改正派遣労働法は，派遣元に対し，同種業務の派遣先の労働者の賃金水準との均衡のほか，同種業務の一般的労働者の賃金水準等を勘案して賃金決定するように配慮を求めている。これまで放置されていた派遣労働者と正規労働者との間の労働条件格差を規制する方向へと進んだことは積極的に評価されようが，実際のところ，実効性はあまり期待できない。派遣先労働者と同等の処遇を求めるのには，派遣先における常用代替を回避するという重要な目的もあり，そうであるとすれば，派遣労働者を臨時的代替的な労働に従事する者と位置づけるかぎり，派遣先労働者と同等の均等処遇が求められるのが当然であって，そこでは「均衡」や「一般労働者の賃金水準等」を考慮する余地はないはずである。

シンポジウム（報告③）

に比較対象者を設定することをも認めている[34]。仮想的比較対象者の設定方法や実際の機能等の点について，今後，比較法研究を行う必要があろうが，いずれにせよ，比較対象者がいない場合の有効な解決方法となると考えられる。

3　処遇格差の合理性審査

処遇格差の合理性審査については，合理的理由をどのように捉えるかという内容的な問題と，その妥当性をどのようにして担保するかという制度的保障の問題がある。

(1)　合理的理由の内容

非正規労働者と比較しうる正規労働者（フルタイム労働者）の間の処遇に格差がある場合，当該処遇格差に合理的な理由があるか否かが問われる。その際，日本の人事処遇においては職務以外のさまざまな要素が考慮に入れられるのみならず，それぞれの要素の重要度には濃淡があることに鑑み，処遇格差の合理的理由の有無を審査する場合には，①合理的理由の存否に加え，②合理的理由があるとしてもその程度が相当であるという二段階の審査が行われることが求められる[35]。

合理的理由として考慮すべき内容については，すでに学説において議論の蓄積がみられる[36]。もっともこの間に労働契約法3条3項が新たに制定されたという事情を考慮する必要はある。

一般に，職務内容や配置の変更の範囲が広い労働者は，使用者の側から見れば，「使い勝手が良い」ということができ，そのことを処遇格差の合理的な理由として肯定する見解が多い。しかしたとえば転勤については，正規労働者が相対的に高い処遇や雇用の保障と引き換えに，企業の命令とあれば，頻繁な転勤，家族と離れての単身赴任も厭わないことが要求されてきたことの問題性を看過すべきではない。また，時間外労働命令に応じる義務を処遇に反映させる

---

[34]　たとえばドイツ一般平等取扱い法（AGG）1条は，「直接的な不利益待遇は，……比較可能な状況において他の人が受ける待遇より有利でない待遇を受けている，受けた又は受けるであろう場合に存在する。」と規定する。

[35]　奥田・前掲注29)論文364頁。

[36]　たとえば，水町・前掲注21)書235頁以下，土田・前掲注11)民商法雑誌569頁以下など。

ことを正当化する見解もあるが，時間外労働は労働者の私的な時間への介入にあたることに鑑みるならば，このような働き方が職業生活と家庭生活との適正なバランスを保つことを困難にしていることを直視すべきであろう。[37]労契法3条3項が，仕事と生活の調和に配慮することを労働契約の原則として掲げている現在，そのような働き方自体を見直す必要がある。時間外労働命令や転勤命令への応諾義務の有無を処遇格差の合理的理由としうるかは慎重に考えるべきである。

(2) 処遇格差の程度の合理性の担保

正規労働者と非正規労働者との間の業務内容に相違があるなど合理的理由がある場合であっても，それによって生じる処遇格差の程度が合理的か否かは別に考慮される必要がある。しかしながら，その判断が相当に大きな困難を伴うことは否めない。そうであれば，この点については，もはや法制度的な解決を図るしかないのではなかろうか。その際，当該職務について職務分析を行うことは避けられないと考えられるが，具体的には，裁判における審理の過程において，必要な職務分析を行いその報告を証拠として採用するような仕組みなどが考えられる。[38]いずれにせよ，職務分析については，今後，その本格的な検討が求められる。[39]

4 法違反の効果の明確化

非正規労働者と正規労働者との間の処遇格差に合理的理由がないと判断される場合，現行法の下においても，公序良俗（民法90条）や不法行為（同709条），あるいは，就業規則の規定に合理性がないとして就業規則の労働契約規律効を認めず（労契法7条），個別に労働契約の補充的解釈を行うなどして，法的救済

---

37) 島田陽一「企業組織の変容と労働法学の課題」鶴光太郎＝樋口美雄＝水町勇一郎編著『労働市場制度改革』（日本評論社，2009年）268頁参照。
38) この点に関する最新の研究書として，森ますみ＝浅倉むつ子編『同一価値労働同一賃金原則の実施システム』（有斐閣，2010年）がある。同書は，日本における同一価値労働同一賃金原則の実施システムについても具体的に提案を行っている（同328頁以下）。
39) 厚生労働省は2010年6月に「職務分析・職務評価実施マニュアル」と「試行ツール」を発表したが，森＝浅倉・前掲注38)書324頁以下は，それには看過できない問題点があることを指摘している。

を図ることは不可能ではないと思われる。しかし，差別的取扱いは強行法規違反にあたるとして，その際の法的救済の方法についても明確に規定すべきである。

Ⅴ　ま　と　め

　現在では，雇用形態間の労働条件や処遇の格差については法的規制を及ぼすことなく，市場に委ねるべきとする考え方は，もはや少数になってきている。冒頭にも述べたが，それは今後の社会にとって非常に重要な変化である。しかしながら，どのような法的規制を行うかという点においては，未だ十分な議論がされているとは言い難く，そのようななかで「均衡処遇」を肯定する方向へと法制度は展開していっているように思われる。

　本稿では，正規労働者と非正規労働者との間の合理的理由のない処遇格差の克服は，性や思想等を理由とする差別とも共通する人権保障のために必要であることを主張し，また，パート法をモデルとした法的規制の方法の問題点を指摘したうえで，新たな制度構築の可能性について言及している。詳細については，今後なお研究を深めていくことが必要であることはいうまでもない。

（おがた　けいこ）

年齢差別禁止の特徴と規制の方向性

山 川 和 義

(三重短期大学)

I はじめに

　近年，日本においても，雇用平等・雇用差別禁止に関する法規制の強化，規制対象（差別禁止事由）の拡大が進んでいる。従来の規制の強化としては，女性保護のための片面的な規制から男女ともに規制対象とする性差別禁止法となった2006年男女雇用機会均等法改正が挙げられる。他方，2007年雇用対策法10条による募集・採用時の年齢差別の禁止，また，2007年パート労働法8条による通常の労働者と同視すべきパート労働者に対する差別的取扱いの禁止など，従来規制の対象となっていなかった年齢やパートタイム労働（雇用形態）にも，差別禁止規制が及ぶにいたっている。さらに，2006年に採択された国連障害者権利条約への対応動向をみると[1]，将来的には雇用における障害者差別禁止に関する法規制も行われうる。このような雇用平等・雇用差別禁止に関する法規制の強化，規制対象の拡大は，国際的にも進んでおり[2]，日本においても看過できないものとなっていると考えられる。そこで，本稿では，雇用平等・雇用差別禁止の規制が，募集・採用時だけでなく雇用のステージ全般における年齢差別の禁止へと拡大していく場合の規制の方向性について検討する。

　ところで，差別禁止事由の拡大とは，憲法14条1項やそれを具体化する労基法3条，4条，均等法に挙げられていない事由による差別を法的に禁止してい

---

1) 2007年9月，日本は国連障害者権利条約に署名しており，これに対応するために厚生労働省に研究会（労働・雇用分野における障害者権利条約への対応の在り方に関する研究会）がおかれ，批准のための対応が進められている。
2) たとえばドイツの状況について，山川和義「ドイツ一般平等取扱法の意義と問題点」日独労働法協会会報第8号（2007年）79頁参照。

シンポジウム（報告④）

くことといえる。そうすると年齢差別禁止は，国籍，信条，社会的身分による差別や性差別の禁止と同様の厳格な規制となると考えられる。その場合，これまで年齢を基準とする別異取扱いが法律や雇用慣行において合理的なものとして扱われてきたこととの関係整理が必要となる。また，欧米の状況をみると，年齢差別禁止の法規制は，性差別禁止や人種差別禁止などと比較して，適用対象が限定されていたり，年齢を理由とする別異取扱いが合理的なものとして広く許容されたりするなど，必ずしも厳格なものとなっていない。

そこで，年齢差別禁止の法規制は厳格な規制であるべきか，あるいは例外を広く認める緩やかな規制であるべきか，すなわち，どのような方向性で進められるべきものであるのかが検討されなければならないと考える。本稿では，まず，年齢差別禁止の特徴を他の差別禁止と比較して明らかにし，それに基づいて，年齢差別禁止の法規制の方向性を探る。そのうえで，年齢差別禁止の法規制が現状に与える影響について，若干の検討を行うものとする。

II 年齢差別禁止の特徴と規制の方向性

1 年齢差別禁止に関する法規制の特徴

周知の通り，アメリカやEUでは，すでに年齢差別を禁止する法律が制定されている。先行研究によれば，年齢差別禁止については，性差別禁止や人種差別禁止などとくらべ，緩やかな規制が行われているという共通点がみられる。まず，比較的最近，年齢差別禁止の法規制がすすめられたヨーロッパにおいては，雇用および職業における宗教あるいは信条，障害，年齢または性的志向を理由とする差別に対処するための一般的な枠組みを設置する2000年EC指令（以下，雇用平等指令）6条によれば，年齢差別に関する特別規定として，雇用政策，労働市場および職業訓練などの正当な目的（たとえば，若年者，高年齢者等の雇用促進，雇用の保護など（同条(a)））による年齢を理由とする別異取扱いは

3） 櫻庭涼子『年齢差別禁止の法理』（信山社，2008年），柳澤武『雇用における年齢差別の法理』（成文堂，2006年）等。
4） 2000/78/EG, ABl. L 303, S.16.

差別とならないことが規定されている。これを受けて，ドイツでは，雇用における人種あるいは民族的背景，性別，宗教あるいは世界観，障害，年齢または性的志向を理由とする不利益取扱いを禁止する2006年一般平等取扱法（Allgemeines Gleichbehandlungsgesetz, AGG）の10条に，同様の年齢差別についての例外規定が設けられている。他方，アメリカの年齢差別禁止法（ADEA）では，EUのような広い例外規定は置かれていないものの，同法の適用対象が40歳以上に限定され，40歳未満については，少なくとも連邦法のレベルにおいて，年齢差別は禁止されていない。また，ADEAの適用対象の範囲内でも，より若い年齢の者がより高齢の者と比較して不利益に取り扱われても，それは年齢差別として禁止されない[5]。さらに，日本においても，雇用対策法10条によって，募集・採用時の年齢差別が原則禁止されたものの，同法施行規則1条の3によれば，定年がある場合にはその定年を下回る年齢の設定，新規学卒者（それと同等の者）の採用に必要な年齢上限設定，技能・ノウハウ継承のために不足している年齢層に限定するための年齢制限，高年齢者の雇用促進のための60歳以上の者に限定することなどは，例外的にあらかじめ許容されている。以上のような例外規定や適用対象の限定は，性差別禁止の法規制にはみられない。

なぜ年齢差別禁止の法規制は性差別禁止と比べて緩やかであるのか。それは，EUや日本の例などをみると，年齢に基づく別異取扱いは法的にも社会的にも一般的に行われており，急に禁止することができなかったとも考えられる[6]。しかし，より根本的な理由としては，年齢差別禁止は，法の下の平等および差別からの保護の実現という人権保障的な観点からの要請[7]だけではなく，中高年齢者の就業率を上げ社会保障財政の負担を緩和するために中高年齢者の雇用を促進するなどの雇用政策上の目的を持って行われているからだと指摘されている[8]。

---

5) 柳澤武「年齢差別」森戸英幸＝水町勇一郎編『差別禁止法の新展開』（日本評論社，2008年）137頁以下，中窪裕也『アメリカ労働法〔第2版〕』（弘文堂，2010年）250頁参照。
6) EC指令前文14では，それまで適法とされてきた定年に関する国内法の規定を妨げないとされた。EC指令における年齢差別禁止に関する例外の詳細については，櫻庭・前掲注3)書223頁以下参照。
7) EC指令の提案理由として，COM (1999) 564 final.
8) 2000/78/EG, ABl. L 303, S. 16. 櫻庭・前掲注3)書281頁以下参照。

このように，年齢差別禁止の法規制は，年齢を理由として差別されてはならないという人権保障を目的としながら，従来から許容されている年齢に基づく別異取扱いへの影響に対する配慮，年齢差別を禁止することが雇用政策目的の達成手段となることなどから，性差別禁止のような厳格な法規制とはなっていない点に特徴があるといえる[9]。

2　年齢差別禁止の特徴

以上のように，年齢差別禁止の法規制は，差別禁止という非常に強い法規制の方法をとりながら，実際にはかなりゆるやかな，広く例外を許容する法規制となっている。このような特徴は何に起因するのか。それは，以下でみるように，年齢基準自体の特殊性と年齢差別禁止によってめざされる雇用平等のあり方によると考えられる。

ところで，本稿では，「年齢」という概念は，純粋に，生まれてから経過した年数のことを指すものとする。したがって，本稿では，募集・採用時の年齢制限や，一定年齢到達のみを理由として労働契約が終了する定年制などの，年齢そのものを基準とする別異取扱いを年齢差別の問題とする。なお，たとえば勤続年数や，新卒・既卒による別異取扱いなども年齢差別禁止にかかわる問題として捉えられる。しかし，勤続年数や新卒・既卒などの基準による別異取扱いは，年齢を理由とする直接差別の問題ではなく，間接差別の問題と把握されると考えられる。2007年均等法改正によってようやく間接差別の規制が導入され，しかもそれは相当に限定されていることからすれば，この問題は，年齢を理由とする直接差別の法規制の方向性が定まったあとで検討されるべき課題といえる。たとえば，募集・採用時における新卒・既卒基準による別異取扱いの問題は，若年者の雇用機会確保・促進という観点からは重要な問題であるが，本稿では割愛する。

（1）年齢基準の特徴

ところで，年齢を基準とする別異取扱いは広く行われていることに疑いはな

9）櫻庭・前掲注3）書309頁以下参照。

い。たとえば，周知のとおり，満20歳に達しない者は，飲酒および喫煙は法律上禁止されているし（未成年者飲酒禁止法1条および未成年者喫煙禁止法1条），満18歳に達しない者は自動車普通免許を取得できない（道路交通法88条2号）。老齢基礎年金は65歳に達したときに支給されることになっているし（国民年金法26条），介護保険の第2号被保険者は40歳以上65歳未満とされている（介護保険法9条2号）。さらに，60歳未満定年は禁止されるものの（高年法8条），60歳以上定年は許容されており，年功賃金制度においては年齢が賃金決定の要素とされてきた。これらの別異取扱いのすべてを不合理とはいえまい。

このように年齢を基準とする別異取扱いが広く許容されてきたのは，もともと年齢基準自体に，人を別異に取り扱うために適したところがあるという次のような認識があるためと思われる。一つは，年齢という基準は，誰もが等しく年をとるため，誰もが等しくある年齢（たとえば20歳，40歳，60歳）に達するという意味で平等な基準であり，その意味で年齢という基準にはなんら恣意的判断が介入しないという形式的平等が満たされるという認識である。また一つは，加齢は人の身体的機能，精神，健康状態だけでなく，判断能力，適応能力，経験の豊富さなどに影響を与えると考えられるため，年齢は当該年齢相応の身体的機能や健康状態，一定の能力などを推定させる指標の一つとなりうるという認識である[10]。

これらの認識からは次の特徴がみてとれる。すなわち，①年齢基準はそもそも合理的な基準として広く通用するもので，それに基づく別異取扱いは合理性が認められやすい。これは，性別が母性保護の観点を除き，別異取扱いの合理的基準とはなりにくい点と大きく異なるといえる。次に，②年齢は一定年齢の身体的・精神的状態や能力を推定させるものであり，異なる年齢層の者をそもそも同等に扱われるべき比較可能な者と想定しづらい。これは，男性と女性と同等に扱われるべき比較可能な者（層）を想定できる性差別と大きく異なる。これらの特徴により，年齢を基準とする別異取扱いは合理的なものとして一般的に受け入れられてきたものと考えられる。

---

10) 櫻庭・前掲注3）書308-309頁参照。

シンポジウム（報告④）

　もっとも，以上については，留意すべき点がある。年齢が形式的平等をみたす基準であるという認識については，ある規制をするにあたってどの年齢を設定するかについては，恣意的判断が介入しうる。また，年齢が人の状態や能力を推定させるとしても，これらはあくまで推定であり，必ずしもすべてについて科学的証明がされているわけではないし，個人差も大きく，年齢以外の要因による影響も大きいはずである。そうすると，年齢を基準とする別異取扱いは，形式的平等を満たす基準を恣意的に用いた不利益な取扱いとなりうる。そして，個々人の状況が考慮されず，ある年齢の者（たとえば55歳の者）は物覚えが悪くなり適応力が低下するとか，ある年齢の者（たとえば25歳の者）は経験が不足し判断能力が未熟であるなどの偏見を生じさせることになる。

　年齢という基準は，それ自体合理的な別異取扱い基準であり，不合理なものでもありうるという両面的性格を有していると考えられる。問題は，その境界線をどこで引くべきかという点にあろう。

(2)　年齢差別禁止の特徴

　年齢基準を撤廃して，年齢にかかわらず意欲と能力のあるかぎり，働き続けられるエイジフリーな社会を構築すべきであるという主張がある[11]。これについては，エイジフリー社会では定年制が違法となり，それを前提とした年功処遇も維持されず，その結果，年齢という画一的だがわかりやすい基準による人事管理から，能力主義的で評価の恣意性を免れない厳しい人事管理が行われ，従来よりも解雇されるおそれが高まる旨の指摘がなされている[12]。いわゆる若年者も高年齢者も同じ土俵で競争することが求められるが，それでよいのだろうか。

　年齢差別を禁止しようとする場合，どのような状態が実現されるべきか。そこで，以下に必要な限りで，雇用平等・雇用差別禁止によって実現されるべき内容について整理しておきたい。まず，雇用平等・雇用差別禁止という場合，そこには，平等取扱いの要請と当該事由による不利益取扱いの排除という要請があると考えられる。まず，平等取扱いの要請とは，同等に扱うべき比較可能

---

11)　清家篤『エイジフリー社会を生きる』（NTT出版，2006年）。
12)　この点を指摘しつつ，現在エイジフリー社会に向かっている以上，労使ともこれに備える必要があるとする，森戸英幸『いつでもクビ切り社会』（文藝春秋，2009年）参照。

な者がおり,その者と同等に扱うべきであることを求めるものと考える。また,不利益取扱い排除の要請とは,同等に扱うべきほどの比較可能な者はいないとしても,自ら変更できない理由に基づいた,他者よりも不利益な取扱いを排除することを求めるものと考える。そして,雇用平等・雇用差別禁止をこれらを包含して,広く平等を希求するものと考える。具体的には,性差別において女性が差別されていた場合,原則として比較可能な者である男性と同じ扱いが求められるが,実際に同じ扱いがされるべき者を具体化できない場合には,すくなくとも性別を理由とする不利益取扱いの排除が求められるということになる。[13]

以上を踏まえ,年齢差別禁止が実現しようとするものの特徴について,性差別禁止・人種差別禁止,さらに,近年問題となりつつある障害者差別禁止と比較しながら整理したい。ここでは特に同等に扱われるべき比較対象者の有無という点に留意する。

まず,性,人種差別禁止に共通する特徴としては,女性や,ある少数派の人種に対する偏見があり,それを排除するために差別が禁止されるという点が挙げられる。ここでは,女性は男性と同等の者であること,少数派の人種は多数派のそれと同等の者として扱われるべきで,性別や人種という基準による別異取扱い自体が厳しく規制される。その意味で,性差別禁止・人種差別禁止の法規制では,まず平等取扱いの要請に応えるように規制が進められるべきであり,実際の紛争で,差別された者と同等の者の特定が困難な場合には,性別や人種を理由とする不利益取扱いが排除されるべきことになると考えられる。

他方,障害者差別禁止はこれとはずいぶんと異なる。障害者とは,継続的に日常生活または社会生活において相当な制限を受ける者である(障害者基本法2条参照)。障害者の比較対象者は障害を持たない者となるはずだが,両者は基本的には同等に扱われるべき者とはいえない。仮にそれを求めると,障害者と障害を持たない者との間には,障害者が制限を受けている分だけの格差が固定化されることになる。そこで,障害者差別の場合,平等取扱いの要請に単純に

---

13) 通常これは差別禁止ということになるだろうが,より広い概念として雇用平等・雇用差別禁止を捉えたため,本稿では用語の重複を避けるため,不利益取扱いの排除として以下論じていくこととする。

シンポジウム（報告④）

応えるだけでは足りず，障害者差別を是正するためには，障害者に対する合理的配慮（便宜）が必要とされる[14]。そうすると，障害者差別禁止の特徴としては，そもそも等しくない者に対してなんらかのサポートを行うことで，同等に扱われるべき比較可能な状態にして，平等取扱いの要請に応えるという点が挙げられる。もっとも，障害者の中には，障害を有するものの障害を持たない者と同様の労働能力を有する者もみられるはずである。その者については，当該個人の労働能力を無視して，障害を理由とする不利益取扱いが行われ，その不利益取扱いは排除されるべきことになる。

　それでは，年齢差別禁止の特徴はどのようなものか。まず，年齢差別の場合，性差別・人種差別のように同等に扱われるべき比較可能な者（層）を想定しづらい。たとえば，55歳以上という基準での別異取扱いが行われた場合，55歳以上の者とそれ未満の者とでは，直ちに同等に扱われるべきといいにくい。なぜなら，年齢という基準自体，そもそも当該年齢における身体的・精神的状態や能力を推定させるものとして受け入れられてきたといえるからである。近い年齢の者（たとえば54歳と55歳）を比較した場合には同等に扱われるべきといい易いが，年齢が離れている場合（たとえば20歳と55歳）には，それはいい難いように思われる。この場合，当該年齢が高年齢と考えられれば身体的・精神状態がより若年の者よりもおとりがちであるとか，逆に経験は豊富であるなどと捉えられることになろう[15]。このことは，年齢自体に絶対的な意味があって別異取扱いが行われるというよりも，当該年齢を基準とすることで別異取扱いの理由が生み出され，その結果当該年齢に上述のようなイメージがもたらされるものともいえる。年齢という基準は明確な線引きを可能とする一方で，なぜ別異取扱いをするのかという点においては，相対的な意味しか持たないと思われる。

　その意味で，年齢差別においては比較対象ははっきりするものの，それが直

---

14) たとえば，障害を持つアメリカ人法，中窪・前掲注5）書254頁参照。ドイツの障害者差別禁止に関する合理的便宜については，廣田久美子「ドイツにおける障害者差別禁止と雇用にかかる『合理的配慮』をめぐる動向」独立行政法人高齢・障害者雇用支援機構『障害者雇用にかかる『合理的配慮』に関する研究』（2008年）129頁参照。
15) このことは，たとえば，若い頃と比べて体力が落ちたとか，若い頃よりも落ち着きがあるなど，他者だけでなく自分自身においてだけでも当てはまる。

ちに同等に扱われるべきとすることは難しく、年齢差別を禁止しようとする場合に平等取扱いの要請に応えにくく、まずは不利益取扱いの排除の要請が問題となると考えられる。

他方、年齢が身体的・精神的状態や能力を推定させるものであり、相対的にみてこのこと自体を直ちに不合理といえない以上、いわゆる高年齢者については相対的に身体的状態がより若い者（層）と比べて劣っているとか、適応能力が低下している状況にあるといえる場合があろう。この場合、年齢を理由とする不利益取扱いを排除したとしても、高年齢者はより若い者（層）との差を保持しながら競争しなければならず、結果として、両者の格差を容認することになる。そこで、年齢差別禁止においては、障害者差別禁止の場合と同様、両者に差異があることが明確な部分については、なんらかのサポートを行うことで同等に扱われるべき比較可能な状態にし、平等取扱いの要請に応える必要があると考えるべきである。もちろん、どのような差異があるのか、またその差異を法的にサポートする必要があるのかは、検討を要する。

3 年齢差別禁止の法規制の方向性

以上を踏まえ、年齢差別禁止とは、どのような方向性を持った規制となるのか、いったい何を実現するための規制であるべきかを整理しておきたい。まず、年齢基準は一般的に合理的な基準であると評価されやすいため、それに基づく別異取扱いも、もちろんその動機いかんにもよるが、どちらかというと合理性が認められやすいと考えられる。また、年齢差別禁止では、同等に扱われるべき者がはっきりしないところから、不利益取扱いの排除が規制の中心となる。このような状況は、年齢差別は、雇用平等・雇用差別禁止の問題であると同時に、年齢という基準だけで、個人の人格が適正に配慮されないという点で、個人の尊重の原理からも、不利益取扱いの排除が要請されているといえる。また、年齢差別では、高年齢者については、より若い者との間の身体的・精神的状態や能力などの差異が認められる場合にはそれを前提に、なんらかのサポートがなければ雇用平等が実現されないと考えられる。このような差異として明確に把握しうるものとしては、少なくとも老化現象による身体的・精神状況の変化

シンポジウム（報告④）

があると思われる。このサポートには，差異を埋めるための対応（たとえば，老化現象による老眼や身体機能の低下を踏まえた職場環境整備や労務管理¹⁷⁾）だけでなく，相対的に雇用機会が得られにくい高年齢者雇用確保の要請などもあると考えられる¹⁸⁾。他方，実際には年齢を基準として作られたイメージ，たとえば，高年齢者はより若い者（層）よりも新しいことに対する適応力が劣っている，労働能力が低下するなどの偏見による差別や個人の状況を配慮しない不利益取扱いが行われうる。もちろん，このような不利益取扱いの排除は年齢差別禁止によって達成されるべき重要な課題である。

このように，年齢差別禁止の法規制の方向性は，年齢にかかわる偏見に基づく不利益取扱いや個人の状況への配慮ない不利益取扱いの排除という厳格な規制の側面を有するものの，年齢基準の合理性が認められやすいこと，年齢による差異がある場合のサポートの必要性から，必ずしも厳格な規制とされないと考えられる。年齢差別禁止の法規制が緩やかな規制であるとしても，それは年齢差別禁止がめざすところに起因するものである。差別禁止という規制手段が採られたとしても，常に厳格な法規制が行われなくても，雇用平等・雇用差別禁止の実現は達成される場合があると考えられる。

Ⅲ 年齢差別禁止の労働法制・労働関係への影響

以上の整理によれば，年齢差別禁止は，直ちにエイジフリー，あらゆる年齢基準の撤廃が必要というほどの厳格な規制を必要としないと考えられる。かといって，年齢を理由とする別異取扱いに合理性があまりに広く認められるとすれば，わざわざ規制をする意義が薄れる。どのような場合が合理的な別異取扱

---

16) このような差異が一般的に認められうるものとしては，老化現象による身体的・精神的状況の変化が挙げられると考える。もちろん個人差はあるため，サポートが不要な場合もあろう。
17) このような差異は個人差が大きいものの，相対的に高齢である場合には一般的な配慮がなされるべきだろう。
18) たとえば，募集・採用時における年齢制限の排除のみでは，高年齢者と中年，若年者との間に身体の状態などに差異が認められた場合，高年齢者はその差異を抱えて競争しなければならない。

いで，どのような場合にサポートが必要となるかは検討されなければなるまい。そこで，以下では，年齢差別禁止の法規制が拡大していく影響について検討することで，合理性の範囲やサポートの必要性の境界線について，一般的な考え方を試みに検討する。

1　年齢を理由とする別異取扱いの動機と合理性

　従来，年齢を理由とする別異取扱いは次のような動機で行われ，合理的であると許容されてきた。たとえば，選挙権の年齢制限について，個別的に人の判断能力を審査すれば，一定年齢で区切ることは不合理となる。しかし，個別的な審査には，恣意的な審査が行われたり，膨大なコストがかかるなどのデメリットがある。そこで，法制度としては，年齢を代替的基準として用いる方が合理的であると説明される[19]。また，雇用保険法上の求職者給付の所定給付日数が年齢層に応じて異なる点については，30歳未満よりも45歳以上60歳未満の方が再就職がより困難であるだろうことへの配慮によるものといえる。さらに，定年制は，加齢によって労働の適格性が逓減する一方で賃金は逓増すること，若年労働者への昇進機会を開くなどの人事の刷新などに寄与することを理由に，有効とされてきた[20]。これは年齢が労働者の労働の適格性判断の一要因とされる例である。

　これらの動機を整理すると，「年齢」基準は，①大量の判断を行う際には，個別判断を行うよりも恣意的判断がおさえられ，かつ，効率的な基準として有用であるであること，②社会的に不利益を被っているだろう一定層の線引きをするための基準であること，そして，③加齢により，労働の適格性が逓減するというように，労働適格性や労働能力をはかる一つの基準であるなどとして，使われてきたといえる。これらは多数ないし複数の者を適用対象とする制度において年齢基準が使用される動機であり，合理的なものとされてきた。これらの動機による年齢を理由とする別異取扱いは，年齢差別禁止の法規制を進めた場合も合理的なものといえるのだろうか。なお，たとえば一定年齢到達を理

---

19)　松井茂記『日本国憲法〔第3版〕』（有斐閣，2007年）391頁以下。
20)　アール・エフ・ラジオ日本事件・東京地判平成6・9・29労判658号13頁。

シンポジウム（報告④）

由とする個別解雇や配転が行われるなどの個別問題においては，年齢を理由とする別異取扱いには個別に合理的理由が示されなければならないと考えられる。

2　年齢差別禁止と定年制

これまで合理的とされてきた年齢を理由とする別異取扱いの再検証という観点から，本稿では，雇用における年齢差別問題の典型例と考えられる定年制のみ取り上げることとする。

ところで，定年制はこれまで，定年に達したすべての者に対して機械的かつ一律的に適用されるものであって，いわゆる形式的平等は満たされている，加齢により労働の適格性が逓減する反面，給与は逓増するため，人事の刷新・経営の改善など企業の組織運営の適正化のために行われるものであり，一般的に不合理な制度とはいえない[21]，また，定年制は終身雇用制と深い関連を有し，定年制があるために，使用者による恣意的な解雇権の行使が権利濫用にあたり無効とされ，労働者は身分保障が図られる[22]，若年労働者に雇用や昇進の機会を開く等から，有効であるとされてきた。定年制の有効性の根拠のうち，年齢差別と直接関係するのは，形式的平等が満たされているという点と，加齢により労働の適格性が逓減するという点だと思われる。

本稿でみたところによれば，これらの点は年齢基準自体が合理的であると考えられる特徴にかかわっており，それに基づく別異取扱いは妥当なものとも考えられる。しかし，それぞれの根拠を個別的具体的にみていくと問題があると思われる。まず，形式的平等が満たされていることを別異取扱いの合理的理由とするには，その前提として，すべての人が当該取扱いを受けなければならないと考えられる。定年制であれば，当該企業に長年在籍している者はすべて適用されるという意味で形式的平等が満たされるといえるが，そうでない場合には，形式的平等は満たされない。そうすると，長期雇用が前提とならない者，たとえば，有期契約労働者については，定年制が適用されること自体，この観

---

21)　秋北バス事件・最大判昭和43・12・25民集22巻13号3459頁。
22)　アール・エフ・ラジオ日本事件・前掲注20)。

点からは不合理なものと考えるべきである。なお、雇用対策法10条に基づいて許容される年齢制限（同法施行規則1条の3第1項1号）である「事業主が、その雇用する労働者の定年の定めをしている場合において当該定年の年齢を下回ることを条件として労働者の募集及び採用を行うとき」には、「期間の定めのない労働契約を締結することを目的とする場合に限る。」と明記されている。これは、定年の適用を前提としない労働者に対して定年を理由として年齢制限することは不合理であるために確認されているものと解すべきである。

また、加齢により労働の適格性が逓減するという評価も、問題があると思われる。加齢による人への影響として明確であるのは、老化現象による身体的・精神的状態への影響であると考えられるが、これが直ちに労働の適格性の逓減につながるかは論証が必要であろう。また、本稿において、年齢差別禁止の法規制には、老化現象による身体的能力が相対的に低下している場合には、使用者はむしろ労働の適格性が逓減していると評価されないように積極的にサポートをする必要がある。それをしない以上、年齢差別禁止の法規制のもとでは、加齢による労働の適格性の逓減は定年制の有効性根拠とはなりえないと解すべきである。

以上によれば、年齢差別禁止の法規制が本稿で整理した方向性を持って進んでいく場合、定年制は長期雇用が保障されている労働者を対象としている場合には、形式的平等を満たしたものと評価できる。ただし、定年制の重要な有効性根拠であった加齢による労働の適格性の逓減という根拠は定年制の有効性を基礎づけなくなる以上、人事の刷新などを理由として労働者を一律に退職させる、ないし解雇する定年制の有効性は別途検討される必要が生じよう。

3 年齢差別禁止と能力主義の強化

年齢差別禁止の法規制を進めていくと、少なからずこれまでの状況の見直しが必要となる。たとえば、定年制が無効となれば人員調整の手段が失われ、年齢をこれまでのように能力評価の代替的指標として使うことができなくなる。その結果、労働者の能力に基づく取扱いが厳格化されうるという指摘がされている[23]。この問題については、定年制そのものの有効性が問い直されるものの、

直ちに定年制が無効となるとは限らないという意味で、年齢差別禁止が直ちに能力主義の強化につながるものではないと考える。[24]

他方、定年制が無効とならなくても、年功的な人事管理を行いづらくなると考えられる。しかし、長期雇用が保障されている労働者にとっては、ある年齢で他の者と比べて不利益に取り扱われることがあっても、いずれは自分もその利益を享受しうると考えられるため、年齢基準自体の形式的平等性は失われないと思われる。その場合には、これまでのように年齢を基準とする人事管理は合理的な別異取扱いと評価されるだろう。

Ⅳ　おわりに

本稿では、雇用における年齢差別禁止の法規制が進展する場合の方向性を検討してきた。年齢差別の場合は、年齢基準による別異取扱いが広く行われ、合理的なものとして許容されてきたところから、性差別や人種差別とは異なり、あらかじめ年齢を理由とする別異取扱いが広く許容されると考えられる。もっとも、差別禁止事由が拡大していく中で、例外を広く許容する差別禁止規制は、雇用における平等や差別禁止の価値自体を希釈化させかねない。この点について、年齢差別の場合は、年齢基準自体の特徴、年齢差別禁止によって実現されるべきところから、そもそも緩やかな差別禁止規制となるものと位置づけられ、雇用平等・雇用差別禁止の価値の低下とは、直ちに結びつかないと考えられる。雇用平等・雇用差別禁止において、今後も差別禁止事由が拡大していくとすれば、当該差別事由の特徴を踏まえた柔軟な法規制が必要となるといえる。

雇用における年齢差別が禁止された場合、募集・採用時における年齢差別を禁止する雇用対策法10条の再検討、年功賃金制度などの年齢を基準とする人事

---

23)　森戸・前掲注12)書参照。
24)　EUでは公的老齢年金の支給開始年齢を定年年齢とする定年制は、年齢差別法規制のもとでも有効とされている。たとえば、ドイツ連邦労働裁判所は、労働協約上の65歳定年制は、労働者は公的老齢年金により経済的に保障される一方で、若年層に雇用や昇進機会を開き、労働市場の負担を緩和し、事業所の合理的な年齢構成の維持にも役立つことなどから、年齢差別禁止法規制にてらしても有効であるとしている（BAG v. 18.6.2008-7 AZR 116/07)。

管理の妥当性の検討が必要となるが，本稿では行えなかった。今後の検討課題である。[25]

　最後に，本稿では年齢差別をなぜ禁止すべきか，どのようなものが年齢差別として禁止されるべきかという本質論に踏み込めていない点も，重ねて検討が必要な課題といえる。年齢差別は長期的な観点でみると，すべての人が経験しうる別異取扱いである以上，そもそも差別の問題ではなく本人のライフサイクルにおいて処理されるべき問題という性格も有すると考えられる（たとえば年功賃金制度）。また，年齢に基づく別異取扱い自体をすべて撤廃すべきという意識も，現在のところ，醸成されているとは考えにくい。しかし，雇用における長期的な見通し（雇用の確保，労働条件の維持・向上など）が立ちにくい現状を踏まえると，短期的にみて，年齢を理由とする別異取扱いは，差別される労働者に対して，その個別の能力や事情を考慮せず，当該年齢にかかわる一定のイメージ（高年齢者は若者よりも新しいこと（たとえば，パソコン）に対応できないなど）の押しつけによって，個人の尊厳を傷つける結果をもたらしうる。その意味で，これまで合理的とされてきた年齢を理由とする別異取扱いの合理性を，人権にかかわる問題として精査する必要がある。

　　　　　　　　　　　　　　　　　　　　　　　　（やまかわ　かずよし）

---

25)　とりわけ，年齢差別禁止法による年齢給への影響の検討が重要な課題と指摘されたものの，本稿では検討できておらず，別稿を期したい。

雇用平等を実現するための諸法理と救済のあり方

渡 辺　賢

（大阪市立大学）

I　はじめに

本報告では，雇用平等法における救済（主として司法的救済），とりわけ雇用平等を達成するための諸法理の内容・その相互関係と，それらに対応する救済のあり方の特徴を検討する。

II　雇用平等を達成するための諸法理とその相互関係[1]

1　雇用平等を達成するための諸法理と法の下の平等の基本的思考との関係

雇用平等を達成するための諸法理をどう切り分けるかは問題であるが，2004（平成16）年の「男女雇用機会均等政策研究会報告書」[2]（以下「報告書」と略）や合衆国の「障害があるアメリカ人法（ADA）[3]」を参考とし，本報告では，直接差別の禁止，間接差別の禁止，合理的配慮の要請，及びポジティブ・アクションを検討対象とする。

---

1) 特定の個人・集団に対する雇用機会の不合理な制限の禁止を「差別禁止」と，労働者が個人の能力と努力をもって期待することのできる職務に就くことができるよう雇用機会を平等にすることを「雇用平等」と定義しておく。両者でもちうる意味の違いにつき藤本茂『米国雇用平等法の理念と法理』（かもがわ出版，2007年）312頁。また平等の多様性については竹内章郎『平等論哲学への道程』（青木書店，2001年）299頁以下。なお水町勇一郎「労働法制改革の基盤とグランドデザイン」新世代法政策学研究（北大）3号（2009年）41頁が雇用形態差別につきその多様性・複雑性から「間接差別」「逆差別」を禁止の対象としないとするように，各差別構造に応じて機能しうる雇用平等法理に違いが生じうるか，また水町・同14頁以下がスターン教授の議論を紹介しつつ言及する差別構造全体の変化は検討対象外とした。
2) http://www.mhlw.go.jp/houdou/2004/06/h0622-1/html

なお，本報告では，直接差別とは，間接差別との対比という便宜的理由から，合衆国の伝統的な差別禁止法理で禁止されてきた意図的差別と不合理な別異取扱を指す[4]ものとしてこれを用いる。間接差別も意味内容が不明であることが指摘されている[5]が，ここでは「外見上は性中立的な規定，基準，慣行等が，他の性の構成員と比較して，一方の性の構成員に相当程度の不利益を与え，しかもその基準等が職務と関連性がない等合理性・正当性が認められないものを指す」とする「報告書」の定義のうち，「性」の部分を「地位・身分（status）」に置き換えた[6]ものを念頭に置いて用いる。合理的配慮については，「平等な雇用機会を享受することに対する阻害要因を有する者に対して，平等な雇用機会を享受できるようにするために，職務が通常行われる方法あるいは労働環境を変更すること」をもって合理的配慮にいう「配慮」とする[7]。「ポジティブ・アクション」については，一般的には，「社会的・構造的な差別によって，現在不利益を被っている者（女性や人種的マイノリティー）に対して，一定の範囲で特別の機会を提供すること等により，実質的な機会均等を実現することを目的として講じる暫定的な措置のことを言う」ものとしておく[8]。

　法の下の平等の要請から直接差別以外の上記各法理を導き出せるかにつき，わが国の憲法学説では検討が始まったばかりという観はあるが，間接差別禁止については否定的な見解が出されている[9]。その理由は，後述するように，間接

---

3) 42 U. S. C. S. §12112(b)(5)(A), (B) (2010). 長谷川珠子「障害をもつアメリカ人法における「合理的便宜（reasonable accommodation）」」法学67巻1号（2003年）100-03頁。もっとも所浩代「精神障害に基づく雇用差別と規制法理」学会誌115号（2010年）148頁も参照。わが国における平等理論との接合可能性を竹内康之「障害者の雇用支援対策の現状と課題」労旬1586号（2004年）11頁は示唆する。

4) See, e.g., DUCAT, 2 CONSTITUTIONAL INTERPRETATION, 1145 (9th ed. 2009：差別的意図), ROTUNDA & NOWAK, 3 TREATISE ON CONSTITUTIONAL LAW, 297-98 (4th ed. 2008：別異取扱い).

5) 菅野和夫『労働法〔第9版〕』（弘文堂，2010年）170頁，富永晃一「比較対象者の視点からみた労働法上の差別禁止法理（1）」法協127巻4号（2010年）46頁。

6) 藤本茂「雇用における積極的差別是正措置」駒法6巻1号（2006年）3頁参照。

7) ADA第Ⅰ編に関するEEOCの解釈準則における定義（長谷川・前掲注3）論文95頁参照）を参酌した。

8) 2005年10月の「ポジティブ・アクション研究会報告書」。

差別の構成要素と伝統的差別禁止法理である直接差別との違いにある。また，合理的配慮の要請やポジティブ・アクションのように，一定の是正措置を一定の個人・集団に対して行うこと（special treatment）が差別是正に用いられる場面では，平等保護の要請の中心の一つである equal treatment との対抗関係を生じることにもなることを指摘しておく。

2 各法理の相互関係

これら法理の相互関係についてはこれまで考察が行われているが，救済の意義・限界を検討する前提ともなるので，実体的な法理の相互関係につき，各法理の差異化・分節化を意識しつつ確認する。

(1) 直接差別と間接差別の距離：間接差別是正における「第三者」の登場

直接差別と間接差別の異同につき結論的なことだけを指摘しておく。

間接差別法理は，隠れた直接差別をあぶり出すために必要と考えられてきた。両法理の目的の点では連続性があるといえる。また，間接差別は，一定の指標を利用する結果発生する別異取扱を排除するために当該指標の使用をいかなる地位・身分にある者との関係でも禁止するものである点で，当該差別事由の使用を一律に（＝いわば status-blind に）禁止し不合理な別異取扱を排除する直接差別と同じである。このように考えれば，間接差別・直接差別は同一線上のものと位置づけられよう。さらに，間接差別法理は結果に着目はするが，ポジティブ・アクションのように結果の平等を直接実現しようとするものではなく，間接差別法理は社会的障壁を除去することで機会の平等を実現しようとするも

---

9) 安西文雄「法の下の平等について（3）」国家110巻 7・8 号（1997年）559頁，佐々木弘通「平等原則」安西文雄他著『憲法学の現代的論点〔第 2 版〕』（有斐閣，2009年）341頁，木村草太「表現内容規制と平等条項」ジュリ1400号（2010年）98頁参照。
10) *See* Jolls, *Antidiscrimination and Accommodation*, 115 HARV. L. REV. 642, 643-44 (2001).
11) 山本隆司『行政法における主観法と法関係』（有斐閣，2000年）第 6 章（例えば454頁）の用いる分析手法（差異化と相互の組替え・再結合）参照。
12) 例えば東京大学労働法研究会編『注釈労働基準法 上巻』（有斐閣，2003年）71-72頁及び81頁［両角道代執筆］参照。
13) *See* Jolls, *supra* n. (10) at 652 (2001).
14) Primus, *The Future of Disparate Impact*, 108 MICHI. L. REV. 1341, 1351 (2010).

のといえ、この点でも直接差別と同質といえる。

しかし、間接差別の是正手段が直接差別的な機能を持つ場合がある。これは、間接差別の是正方法に特色があることに由来する。例えば、自己所有の住宅に居住している教職員は、世帯主である場合に限り住居手当を支給するとの規定が就業規則にあると仮定する。この規定に定める世帯主要件が間接性差別に該当し無効となった場合、その結果、当該要件を適用して支給された手当が支給されないことになろう（常にこのような処理になるわけではないことは後述する）。つまり、このようなケースでは、実質的には優遇者に負荷がかかる形で間接差別是正の効果が発生する。この状況下で使用者が間接差別となる指標を削除して差別是正を図ると、優遇者たる「第三者」が使用者による是正措置（例えば優遇者にとっての就業規則の不利益変更）の正当性を争う可能性が生じる。

さらに、間接差別法理で問題となる指標は外見上差別禁止事由とは中立的であることから、形式的には別異取扱の禁止にはあたらない。また、間接差別法理が適用される状況下では当該指標の使用に差別的意図がないことが前提となっていることから、差別的意図の禁止にも該当しない。したがって、このような性格を有する間接差別禁止の法理は、伝統的な差別禁止法理である直接差別禁止の法理からは導き出せないのではないかという疑問が生ずる。

(2) 間接差別禁止法理とポジティブ・アクションとの異同

この両者は、集団の権利に着目して「動機よりも結果、意図よりも効果」という観点から差別概念を捉える点、及び優遇者という第三者に影響が発生することがある点で共通している。しかし、間接差別の是正が、間接差別を生み出

---

15) 畑井清隆「障害を持つアメリカ人法の差別禁止法としての特徴」労研578号（2008年）59頁。他方両者の同質性を強調することの問題点については例えば中窪裕也ほか「間接差別」ジュリスト1300号118頁［中窪執筆］。*See also* Appling, *Recent Development : Ricci v. DeStefano*, 45 Harv. C. R.-C. L. L. Rev. 147, 160 (2010).

16) 佐々木・前掲注9）参照。

17) 浅倉むつ子「均等法の20年」嵩さやか＝田中重人『雇用・社会保障とジェンダー』（東北大学出版会、2007年）41頁。

18) *See* Ricci v. DeStefano, 129 S. Ct. 2658 (2009). この判決については中窪裕也『アメリカ労働法〔第2版〕』（弘文堂、2010年）220頁、根本猛「差別的効果と差別的取扱」静法14巻3・4号（2010年）390-408頁参照。

19) *See* Ricci v. DeStefano, *id.* at 2682 (Scalia, J., concurring).

シンポジウム（報告⑤）

している指標の使用を，すべての集団との関係でやめることになるのに対して，ポジティブ・アクションで用いられる手段は，人種等の特性に焦点を当てたものとならざるを得ない点等に違いがある[21][22]。

(3) 合理的配慮の要請の位置づけ

(a) 合理的配慮の要請の内容

この要請には実体的なものと手続的なものが考えられる。前者の例として，ADAでは，職務の再編成，勤務地の変更・勤務割りの変更，空席の職位への配置転換，その他物理的な障壁に対する便宜等が紹介されている[23]。後者の例としては，使用者が障害者と相互関与的に協議を行うことや合理的配慮に先立ち被用者が使用者に申請を行う手続の保障，異議申立権の保障[24]，及び合理的配慮[25]がタイムリーに提供されること[26]等が考えられる。

(b) 合理的配慮の要請と雇用平等法理

合理的配慮の要請が雇用平等法理の諸側面とどのように関連するかについては，これを機会の平等に根ざすものと捉える見解[27]，実質的平等に根ざすと考える見解[28]，法の下の平等と合理的配慮の要請は異質であるとする見解[29]等が存在する。

これらの見解の是非を考えることとの関係でも，合理的配慮の要請と他の諸

---

20) 相澤美智子「雇用差別訴訟における立証責任に関する一考察（1）」都法39巻2号（1999年）621頁参照。
21) Primus, *supra* n. (14) at 1352.
22) 長谷川聡「雇用におけるポジティブ・アクションと間接差別法理の相互関係」中央学院21巻2号（2008年）12頁も参照。
23) 長谷川・前掲注3）論文100-103頁参照。
24) 永野秀雄「障害のあるアメリカ人法における「精神的障害をもつ人」に対する雇用差別規制法理」法志98巻1号（2001年）74頁参照。
25) 第1回障がい者制度改革推進会議平成22・1・12で東内閣府参与作成資料として示された「制度改革推進会議の進め方（大枠の議論のための論点表）たたき台参照。
26) そのための事業主に対する技術的・財政的支援の提供。第2回障がい者制度改革推進会議平成22・2・2における「障害者基本法に関する意見一覧 3．差別の定義」での松井委員の発言参照。
27) ダニエル・H・フット「能力障害をもつアメリカ人に関する法律（ADA）とアメリカ法における差別の概念」労研385号（1991年）13-14頁。
28) 関川芳孝「アメリカ障害者差別の判断基準」琉法45号（1990年）192頁。

法理との異同を検討する必要がある。まずポジティブ・アクションとの関係についていえば，いずれも一定の者のために特別の積極的な措置をとるという点で共通している[30]。しかし，ポジティブ・アクションは社会の中にある集団に対する偏見の影響を取り除くことを目的とするものであるのに対して，合理的配慮は，現存する障壁を除去等するために雇用条件を調節したり変更したりしようとするものである点[31]，ポジティブ・アクションに関しては優遇される個々の者の中に現実には差別の害を被っていない者が存在しうるが[32]，合理的配慮の場合にはこの状況は考えにくい等の点で，両者は異なる。

また合理的配慮の要請は直接・間接差別禁止のいずれとも関わり合うが，特に間接差別禁止法理との関連でよりその効用を発揮するものであろう。つまり，合理的配慮の要請が差別的機能をもつ制度的物理的障壁を合理的な範囲で除去することを求める点で間接差別禁止に類似することが指摘されている[33]。

(4) ポジティブ・アクションの多様性

一般にポジティブ・アクションは，機会の保障ではなく結果の保障となること，及び集団が歴史的に差別を受けてきたことを理由にその弊害を是正するために行われるものであり，従って集団の特性に配慮したものとならざるを得ないことから，個人の権利である平等権とは異質であるといわれている[34]。その実態は権利利益に対する違法な侵害を救済するものから[35]，より広範に社会的差別の存在を前提としてそれを是正するものまであり[36]，裁判所の判決により行われ

---

29) See Karlan & Rutherglen, *Disabilites, Discrimination, and Reasonable Accommodation,* 46 DUKE L. J. 1, 3 (1996), Issacharoff & Nelson, *Discrimination with a Difference : Can Employment Discrimination Law Accommodate the Americans with Disabilities Act ?,* 79 N. C. L. REV. 307, 315-16 (2001).
30) フット・前掲注27)論文10-12頁参照。
31) 中川純「障害者に対する雇用上の「便宜的措置義務」とその制約法理（4）」北園43巻1号（2007年）100頁等参照。
32) 安西文雄「法の下の平等について（3）」国家110巻7・8号（1997年）5頁。
33) See Jolls, *supra* n. (10) at 645.
34) 阪本昌成「優先処遇と平等原則」ロースクール28号（1981年）41頁等参照。
35) See LINDEMANN & GROSSMAN, 2 EMPLOYMENT DISCRIMINATION LAW, 2709-10 (4th ed. 2007).
36) 西村裕三「Affirmative actionをめぐる合衆国最高裁判例の動向」1989アメリカ法242頁参照。

シンポジウム（報告⑤）

るものと企業が自主的に行うもの[37]，程度の強弱にも違いがみられる[38]等多様であるが[39]，いずれにおいても合理性は求められる[40]。

伝統的な差別禁止法理とは異質なポジティブ・アクションは，ときに直接差別を是正するために必要となる場合がありうることには留意を要する。

(5) ま と め

以上の素描から，各法理には相互に異質な部分があると同時に，相互に連続する側面もあることが覗える。そして，この相違点と連続面がともに，各法理に反する行為に対する救済について，独自の課題を生み出すことになる。例えば，直接差別の禁止とポジティブ・アクションは，差別是正の局面では連続性を有することもあるが，請求権的な性格を持つポジティブ・アクションは，法の下の平等の核心を「別異取扱からの自由」という自由権的側面にみる平等論[41]とは相容れないことになるのである。

Ⅲ 雇用平等と救済のあり方

1 検討対象と分析の視点

次に，雇用平等を達成するための各法理との関係で，救済のあり方について検討する。ここでは，主として司法的救済を念頭に置き，それとの機能分担を考えるかぎりで行政救済にも言及するが，ADRは検討の対象外とする。

まず，救済のあり方を考える際のごく一般的な視点として，(1)裁判を受ける権利（憲法32条）は，権利侵害があった場合に実効的な救済を受けることまで保障していること[42]，(2)いかなる救済が適切かは争われている法律関係の性格に左右され，違法な差別行為の存在を理由とする不法行為に基づく損害賠償のほか，常に差別是正請求権を構成しうることにはならないこと，(3)救済のあり方

---

37) 大沢秀介「最近のアファーマティヴ・アクションをめぐる憲法問題」法研63巻12号（1990年）224-25頁参照。
38) 「ポジティブ・アクション研究会報告書」・前掲注8）参照。
39) 辻村みよ子『憲法とジェンダー』（有斐閣，2009年）156頁以下参照。
40) 「ポジティブ・アクション研究会報告書」・前掲注8），君塚正臣「改正男女雇用機会均等法の憲法学的検討」関法49巻4号（1999年）49-52頁等参照。

を考える上での「時間」が重要であることを指摘したい。(3)については，救済のタイミング＝事件の「旬」をつかむことの重要性はこれまでも指摘されてきたところであるが，「変化する状況に合わせて判断・決定を行い措置をとるという意味の適時性の観点」も重要である。この適時性の観点とは，論者によれば「状況の一時性・可変性，その意味で現在が将来に向けて開かれていることを重視する展望の観点」である。

なお，本報告では，(1)「現在」と「将来」という言葉を用いる場合，訴訟提起から口頭弁論終結時を「現在」とし，その後を「将来」とし，(2)議論を単純化するために，使用者による差別行為により発生した状況は，当該行為時から「現在」においても変わりがないことを前提とする。

2　直接差別の場合
(1)　不法行為による救済

差別禁止が公序を構成している場合，公序違反の行為を理由とする不法行為に基づく損害賠償請求が可能であることには異論がない。その救済の効果は当事者のみに及ぶものであるが，不法行為に基づく損害賠償制度には被害者の救済とともに不法行為の抑止力があるとされており，この違法行為抑止機能は重視されて然るべきものと思われる。

(2)　法律行為の無効とこれを前提とする昇格・昇進請求等の是正請求
(a)　是正請求（＝差別行為を公序違反としたうえでの地位確認請求）の根拠：是正請求の主たる阻害要因

---

41)　棟居快行『人権論の新構成』（信山社，1992年）118頁，150頁及び西原博史『平等取扱の権利』（成文堂，2003年）330頁参照。
42)　松井茂記『日本国憲法〔第3版〕』（有斐閣，2007年）526頁，佐藤幸治「人権と主権（下）」受験新報528号21頁参照。
43)　中川丈久「行政訴訟としての「確認訴訟」の可能性」民商130巻6号（2004年）14頁。
44)　山本隆司「仮の救済」公法71号（2009年）185頁。また山本吉人『労働委員会命令と司法審査』（有斐閣，1992年）87頁も参照。
45)　この区分は損害賠償の将来請求の是非に関する最大判昭和56・12・16民集35巻10号1369頁及び最判平成19・5・29判時1978号7頁を念頭に置いている。
46)　例えば内田貴『債権各論Ⅱ〔第2版〕』（東京大学出版会，2007年）307頁以下。

シンポジウム（報告⑤）

　労基法13条の適用がある場合にはこれを根拠にして差別を理由に無効とされた部分を補充することが可能であるが，労基法13条を適用できない場合はどのように考えるべきかが問題となる。

　具体的には，差別禁止規定違反がある場合における是正請求権の構成であり，主として男女の賃金差別・昇格差別・昇進差別の問題をめぐっていくつかの考え方が示されてきた。[47]従来の学説・裁判例によれば，是正請求権の承認を阻む主要な理由は，賃金・昇格・昇進については使用者の決定が必要であるところ，それがなければ差別を受けた労働者には原則として昇格等を求める請求権を基礎づけるものがない，という点にあるようである。[48]使用者の決定が全く存在しないところで，例えば雇用契約上の平等取扱義務のみを根拠として，裁判所という国家機関が使用者に代わって法律関係を形成するのを認めることは無理だということであろう。しかし，一定の客観的要件を充足すれば使用者が特定の効果を発生させる就業規則の制定その他の意思決定を行ったとみなされる場合には，公序の枠内であるべき効果＝意思決定を認定しても，使用者の意思決定の自由を阻害することにはならないのではないか，という素朴な疑問がある。つまり，いくつかの学説が指摘するとおり，[49]昇格等につき使用者が年数等の客観的指標を用い，これを優遇者に対して一律に使用し原則として自動的に昇格させているといった事情が認められる場合には，「現在」の時点で使用者が優遇者に対して行っている標準的決定が確定できる。ここで使用者には公序に反する意思決定を行う自由はないとすれば，劣遇者に対してなされている法律行為が無効とされ，優遇者に対してなされている標準的な意思決定が劣遇者の労働契約内容を補充することになると考えるしかないのではなかろうか。なぜなら，確定された標準的決定（＝優遇者に対して適用されている意思決定）は，少な

---

47) 学説については例えば林弘子「配置・昇進と雇用差別」日本労働法学会編『講座21世紀の労働法　第6巻　労働者の人格と平等』（有斐閣，2000年）232-33頁，東京大学労働法研究会編・前掲注12)書109-10頁［両角執筆］等参照。
48) 例えば昇格につき東京地判平成2・7・4労判565号7頁，大阪地判平成12・11・20労判797号15頁，大阪地判平成13・6・27労判809号5頁等参照。
49) 例えば山川隆一『雇用関係法〔第4版〕』（新世社，2008年）53頁，59頁等参照。土田道夫『労働契約法』（有斐閣，2008年）635頁，637頁も同旨か。

くとも「現在」の時点においては，本来劣遇者を含めた従業員に適用されるべきものだからである。とはいえ，以上のことと，使用者が公序違反を是正する義務を「将来」どのように実施するかにつき選択肢があることとは，「時間」を異にした別次元の問題である。また，是正義務という観点からいえば，「現在」の時点において使用者が優遇者に対する優遇を切り下げようとしていないかぎり，使用者の果たすべき是正義務のベースラインとなるのは優遇者に対する処遇＝意思決定しかないであろう。

以上要するに，「時間」の観点を入れることにより，将来の使用者の裁量的な判断に開かれている問題と，将来に開かれていない現在の問題（不合理な差別は現在・将来とも違法）を切り分けることができ，これによって，使用者の裁量的判断を過度に強調することも，使用者の裁量的判断を過度に拘束することも回避できると思われる（同様の議論はいわゆる高年齢者雇用安定法9条にも適用可能である）。

(b) 直接差別を理由とする法律行為の無効を前提とする是正救済の効果

不合理な直接差別を理由として法律行為が無効とされた場合には，劣遇者に適用された当該法律行為が無効となり，優遇者に適用されている優遇規定が適用されることになる。不合理な直接差別の是正は基本的にはこのパターンで考えられよう（昇格・昇進差別等の場合は，本基本パターンの適用可能性が問題となるが）。この法律行為が特定個人に対する規定の適用上の差別であるならば，当該法律行為を無効とする効果は法律上も事実上も当該個人だけに及ぶ。しかし規定自体が別異取扱を行っており当該規定が無効とされた場合，是正救済を認める判決の効果は「現在」の状況を「将来」使用者が変更しないかぎり，原告にだけではなく，事実上，劣遇者集団全体に及ぶことになる。

(3) 差止請求の可否

差別行為の差止請求の可否については，これに言及する学説が若干あるものの本格的な検討はなされていないようである。

---

50) 西谷敏「賃金・昇格差別の救済法理」季労193号（2000年）109頁以下，道幸哲也「判批」判評385号（1991年）230頁を，棟居快行『憲法解釈演習』（信山社，2004年）62-63頁も参考に，「時間」等の観点から，やや限定的な形で焼き直した。

シンポジウム（報告⑤）

　しかし，現在行われている差別的な措置により具体的な被差別者が提起する差止請求がいかなる場合に可能であるかについては検討の余地があろう[52]。これと関連して，差止請求権の根拠たりうる人格権が，労働契約においても構成可能か否かにつき学説は消極的に解しているようである。すなわち，「労働者であるがゆえに特殊に企業において尊重されるべき人格的利益」は「使用者の適正な人事権の行使または事実上の措置をもって実現されるという特殊性」を有することなどを理由に，極めて重要な利益であるが，「一般的には」絶対性に乏しいとの指摘がなされている[53]。差別行為の差止請求が認められる余地については，今後さらなる精査が必要であろう。

3　間接差別禁止違反の場合

　間接差別禁止に反する使用者の行為に対する救済については不法行為救済，及び法律行為を無効とした場合の効果につき，固有の問題が発生する。

(1)　間接差別と是正請求：可分性・本質性

　世帯主要件等の一定の指標[54]が間接差別に該当し，当該指標の使用を使用者が正当化できなかった場合，当該指標自体が無効とされる。つまり，その無効の効果は，劣遇者・優遇者の別なく一律に発生し，間接差別により発生した状況を是正するためには，その指標がなかったものとして措置がとられる必要がある。この場合，当該指標は劣遇者との関係だけでなく優遇者との関係でも無効とされることから，優遇者を基準として是正することが困難な状況が発生しうる。このことを考えると，例えば間接性差別に該当する転勤要件によって不利なコースに位置づけられた個々の取扱いの結果を是正し昇進請求が可能と考え

---

51)　渡寛基「職場における労働者の人格権保障」法経研究（静大）44巻4号（1996年）451-53頁，渡寛基「企業における労働者の人格権侵害の法的救済」学会誌78号（1991年）86-87頁参照。
52)　千葉地判平成6・1・26労判647号11頁，千葉地決昭和60・5・9労判457号92頁，大阪高判平成2・7・10労判580号42頁のごとき事案では差止請求に意味があろう。
53)　島田陽一「企業における労働者の人格権」日本労働法学会編『講座21世紀の労働法　第6巻　労働者の人格と平等』（有斐閣，2000年）16-17頁（特に注28））。
54)　東京地判平成6・6・16労判651号15頁のように，中立的な指標を男女別に適用している場合は別問題である。

るべきといえるか、悩ましい問題がある。

どう考えるべきかについて報告者も定見を持ち合わせているわけではないが、間接差別として機能する指標が手当・昇進等の要件規定においてもつ意味は様々あり得るところ、例えば当該指標が手当・昇進等の規定の中で可分であり、かつ本質的要件を構成していないと解すべき場合であれば、当該指標を除いた残余の要件を適用して是正請求を認める余地もあろう。他方、手当・昇進等に適用されるべき規定に含まれている当該指標を除いて考えた場合にはもはや支給等の要件規定として意味をなさない場合に、裁判所が合理的意思解釈の名の下に、当該指標に代わる要件を設定することは困難ではなかろうか。

(2) 差止請求の可否

合衆国であれば、間接差別禁止に反する行為の救済の一つとして当該行為の差止めが認められていることから、例えば、身長体重要件を採用・昇進等で用いることを差し止める訴訟が提起されうる。他方我が国では、間接差別行為の差止請求を提起することに意味があるケースを観念しがたい上に、たとえそのような事案が訴訟提起されたとしても、先にみたように、差止請求権の根拠としての人格権に関わる難問が現れる。

(3) 間接差別と損害賠償

また、損害賠償との関係でも制約が発生する可能性がある。間接差別を禁止する一般的な規定である均等法7条とこれを受けた施行規則2条は、使用者が原則として使用を禁じられる指標を明らかにしている。しかし、それ以外の場合については、使用者が差別意図を有さず、また制度的に使用者が差別禁止事由自体を指標として用いて別異取扱をしているわけでもない状況下で、当該指

---

55) 「〔座談会〕男女雇用機会均等法の論点」法時79巻3号(2007年)19頁における中野麻美弁護士の発言。救済の根拠として中野弁護士は6条を援用するが、同頁で森戸英幸教授は否定的な見解を示す。
56) 被災者自立支援金に関する大阪高判平成14・7・3判時1801号38頁参照。
57) See LINDEMANN & GROSSMAN, 1 EMPLOYMENT DISCRIMINATION LAW, 156-57 (4th ed. 2007).
58) See e.g., Dothard v. Rawlinson, 433 U. S. 321 (1977). See e.g. also Vulcan v. The New Jersey Department of Civil Service, 832 F. 2d 811 (3d Cir. 1987).
59) 櫻庭涼子「雇用差別禁止法制の現状と課題」労研574号(2008年)8頁参照。

標の使用が不法行為法上差別として構成されるという状況に鑑みると，その有責性を認定するのは難しいように思われる。

4　合理的配慮義務違反の場合

合理的配慮義務違反の場合には，合理的配慮を行わなかった措置との関係で不法行為請求が可能であり，また，合理的配慮が行われなかったことを理由とする欠勤等を理由に処分が行われた場合，裁量濫用を基礎付けることとなる。

ただそれに加えて，合理的配慮の履行を求める請求権も，一定の場合には発生するのではないかと考えられる。もっともこれは安全配慮義務の履行請求類似の問題状況であり[60]，報告者の能力を超えるので，論点の指摘にとどめる。

合理的配慮義務の効果という点についてみると，合理的配慮義務は，求められる配慮が特定の者のみを対象とする場合と，劣遇者全体に及ぶ場合（例えば障害者を排除する効果を除去するためにバリア・フリーにするなど）とがありうる。前者のパターンの配慮もまた優遇者を含めた従業員全体に波及効果を及ぼす場合があり，そのことに法的意味が出てくることもあるかもしれない。例えば特定の障害者に対する配慮として行われた配置換の連鎖の結果，第三者である従業員に対して行われた時期外れの配置換の正当化理由として，それが合理的配慮義務に基づくものとして行われたことが援用される可能性があろう。

5　ポジティブ・アクションを求める請求権？

ポジティブ・アクションは，基本的には政府・使用者等によって行われたポジティブ・アクションの正当性如何という形で法的問題となろう。そしてその正当性に疑義がはさまれるのは，ポジティブ・アクションが集団ベースで行われ，場合によっては，差別とは無関係な第三者＝優遇者に対して強い不利益が発生する可能性があることによる。

では，劣遇者がポジティブ・アクションを求める請求権を構想することは荒唐無稽なのであろうか。憲法学説では，差別が単に平等原則だけでなく，個人

---

60)　鎌田耕一「安全配慮義務の履行請求」水野勝先生古稀記念『労働保護法の再生』（信山社，2005年）359頁以下参照。

の尊厳（憲法13条，民法2条）も侵害するものであることを指摘しつつ，一定の場合にはポジティブ・アクションが差別に基づく特定の人格権侵害に対する適切な救済方法として認められる可能性を肯定しようとする説も近年示されているが，その理論的可能性を一般的に承認するとしても，この説の論者自身認めるように，これを具体的な請求権として構成できる場合は限定されるであろう。いかなる事案でこの請求権が認められるかを現時点で示すことは困難であるが，差別禁止と人格権との結合が請求権を根拠づけうる理論的余地が示されている点では，留意すべきものを含んでいる。

IV　まとめにかえて：司法的救済の限界——個人・集団，権利救済・秩序形成，実体規範・手続規範，そして時間

　以上，雇用平等を実現するための諸法理がいかなる性格を持ち，そのことが司法的救済につきいかなる可能性と限界を発生させうるかを検討してきた。しかし，法律行為の無効確認，損害賠償等の請求を基本とした，一般的な民事訴訟による司法的救済だけをベースにして雇用平等の実現を図ることに限界があることは，既に浜田冨士郎教授が強調していたところであり，報告者もまったく同感である。

　雇用平等法を侵害する行為を是正するためには，被差別者の権利侵害の救済はもちろんのこと，それに留まらず労使間において雇用平等を実現した秩序の形成，及び差別を行っている使用者等に対する教育も必要である。しかし，わが国の司法制度に関する共通理解を前提とするなら，個人に対する権利侵害の救済を是正する手段も限定されている上，秩序形成を司法的救済の機能として正面から取り込むことは難しい。さらに，法の下の平等の要請に基づく義務内容も，実体的な均等待遇・均衡待遇原則（パート法3条1項，9条，10条，11条，労契法3条2項等）から，手続的な義務（事業主にパート労働者の待遇決定にあたって考慮した事項について説明義務を課すパート法13条の如き情報提供義務だけでなく，

---

61)　佐々木雅寿「日本における法の下の平等」北法59巻5号（2009年）187頁参照。
62)　浜田冨士郎「均等法の現状と課題」労研538号（2005年）12頁参照。

シンポジウム（報告⑤）

情報の流通規制も，局面によっては，検討されるべきである[63]）まで，多様である[64]。均衡待遇原則の如きは明白に比例原則違反の場合しか司法はチェックできないであろうし，手続的な義務については，司法が事後的にチェックすることが容易である反面，時宜に適った手続的義務の履行を使用者にタイムリーに強制することは難しい。秩序形成も含めて，雇用平等を実現する上で必要となる「時間」の管理は，現行の民事訴訟制度を前提とした司法権の行使からは大きく離れるのであろう。以上の限界は，間接差別の是正であれ直接差別の是正であれ，ほぼ同様に立ち現れてくるものと思われる。

将来の秩序形成も射程に入れた救済権限を裁判所が有すると考えることは，わが国の理論状況と裁判実務の下ではかなり無理があろう。秩序形成や時間管理という観点からは，行政救済システムに優位性があるといえよう。また，雇用平等を実現するために，雇用関係における秩序形成や使用者に対する教育[65]も必要とされるなら，これらは集団的労働法における不当労働行為救済システムが担うべき機能と類似する。包括的な雇用差別禁止のための救済システム構想に際しては，労働委員会制度は参照に値しよう。

他方，合衆国では，裁判所が広い是正権限をもつことを前提として，第7編施行のための特別の行政機関である「雇用機会均等委員会」（EEOC）が設置されている。差別禁止法制における行政機関の有すべき権限を構想するにあたっては比較法的知見として合衆国の法状況の研究は不可欠と思われるが，その際には，EEOCという行政機関の権限のみならず，裁判所の有する是正＝救済

---

63) 厚生労働省の「労働者の個人情報保護に関する行動指針」（平成12・12・20）は思想・信条及び信仰は使用者が収集してはならない情報とする。永野・前掲注24）論文92-93頁も参照。
64) 実体的義務と手続的義務の中間に位置するものとして，一定の場合に使用者に職業的能力の適正評価義務を課す構想（毛塚勝利「賃金処遇制度の変化と労働法学の課題」学会誌89号（1997年）22頁）を挙げることができよう。
65) 道幸哲也「救済命令取消訴訟の提起と訴権の濫用」法時67巻4号（1995年）102頁，菅野和夫ほか「〔座談会〕労働委員会制度の課題と展望」中労時897号（1995年）9-10頁［高田正昭発言・宮本光雄発言］参照。
66) 中窪裕也「アメリカ労働法の動向——個別的労働法の発展とその意義」労旬1378号（1996年）41-42頁，及び43頁の中窪教授の所感参照。花見忠『現代の雇用平等』（三省堂，1986年）150頁の示す公民権法上の affirmative action 救済の理解等も含めて，包括的な比較法的研究が必要であろう。

権限の検討もまた重要な課題であろうことを指摘して,まとめにかえたい。[66]

(わたなべ　まさる)

《シンポジウムの記録》
雇用平等法の新たな展開

1 性差別禁止法理の展開

浅倉むつ子（司会＝早稲田大学） それでは，午後のシンポジウムの議論に入りたいと思います。質問票をたくさん出していただき，ありがとうございました。

最初の報告は和田会員の報告でしたが，総論的な意味合いもありますので，渡辺会員の報告と併せて，最後に採り上げます。

順番としては，性差別に関する長谷川会員の報告に対する質問から入っていきます。お二人から質問が出ています。お一人は連合総研の龍井会員です。1番目の質問は雇用差別禁止の物差しについてですが，2番目の質問はパート労働法についてなので，あとの緒方会員の報告のほうに回したいと思います。

最初の物差しのご質問は，男女雇用機会均等法についてです。箇条書きで書いてありますので，こちらで少し補足させていただきますと，均等法が改正によって，女性差別禁止法から男女双方の差別禁止法になりました。「その際に，それまでの基準，すなわち男性をモデルにした基準に代わる新たな物差しという基準が必要になるのではないか」というご質問です。たとえば，「ワーク・ライフ・バランス基準というものが必要になるのではないか，あるいは必要になったのではないか」というご質問だと思います。それが1点目です。

お二人目は，関西大学の川口美貴会員から質問が出ています。1点目は，「レジュメの最後に，『民法や労働基準法のレベルで間接差別が展開する可能性』と書いてありますが，具体的にどのような内容について考えているのか」というご質問です。

2点目は，「ポジティブアクションの実施について，労働組合の役割も重要だと思いますが，企業別，労働者参加型の機関と労働組合の関係はどのように位置付けられるのでしょうか」という質問です。以上，三点について，長谷川会員から回答をお願いします。

● 均等取扱いの「基準」の展開の可能性

長谷川聡（中央学院大学） ご質問，ありがとうございました。まず，1点目の均等法の「物差し」に関するご質問についてです。ご質問は，片面的差別禁止から両面的差別禁止に改正される過程で，これを支える別の基準，規範が必要になってくるのではないかという趣旨と思います。結論から言えば，ご指摘のような新たな基準に近いと思われる基準を設定する方向に現行法制は展開していると考えています。

ご指摘のように，これまでの基準を男性をモデルとした基準として理解するとすれ

ば，たとえば育児・介護休業法の制定は，女性のみを対象とした育児支援から，男女双方を視野に入れた新たな支援のあり方を提示したものといえるでしょう。

間接差別の適用を受け，労働者が制度形成に参加する均等取扱い型のポジティブ・アクションが一般化していくことは，従来の基準に対して問題提起を行うことになります。差別的構造の存在を踏まえて，現行の規定や取扱いの内容を吟味することを通じて，男女双方を視野に入れた基準が形成されていくと思います。

こうした問題提起，あるいは調整措置の実施例などが多く積み重なっていけば，差別の文脈においても，被侵害利益の性質が着目され，労働条件自体を改善することの必要性が視野に入ってくるのではないか。たとえば労働時間で言えば，女性のほうが長時間労働が困難であるという問題提起を契機に，男女共通規制によりこの問題を解決するというかたちで，法定労働時間の短縮という問題提起につながっていくと考えています。まず，これが一点目のご質問に対する答えです。

● 間接差別法理の展開の可能性

二つ目の川口会員のご質問で，「民法や労基法のレベルで間接差別の展開可能性をどのように考えているか」という点ですが，まず間接差別が適用されうる具体例から挙げますと，たとえば，世帯主要件はおそらく対象になります。以前，間接差別を用いたかどうか議論のあった三陽物産事件（東京地判平成6・6・16労判651号15頁）が

典型例だと思います。ほかには，現在の均等法の中でも規定されている転勤要件も適用対象になるでしょう。これに伴い，コース別雇用管理制度も転勤要件を通じて議論の俎上に上げていくことができると思います。

諸外国の例を見たときに，おそらく争いが出てくるのがパートだと思います。周知のとおり，アメリカではパートの問題について間接差別は適用されず，欧州では適用されます。

この点をどう考えるかですが，私は適用範囲を比較的広く取ることが今日の流れと理解しています。社会的相当性を前提に判断されてきた公序を中心に平等法理が展開してきたことも，差別的効果の判断基礎を広く取り，個人の選択が介在する基準も適用範囲に含めることになじむと思います。

アメリカでパートの問題が適用対象にならないのは，本人の選択が介在して適用される基準は，これから発生する差別的効果は個人の選択の結果にすぎないと考える傾向があるためです。そうすると，転勤要件も，その選択が自発的かどうか問題がありますが，一応個人の選択は入るということで，アメリカでは適用しがたいものであると思いますが，これが日本では適用対象になることは，すでに均等法の中で明文化されています。つまり，アメリカでは，あまり問題にならなかった転勤要件が，言ってみれば，欧州に比較的近いかたちで適用対象になることが明らかにされていることは，同じく個人の選択を介在するパートの問題も日本では適用範囲に入ってきてもいいと

考えています。

このように適用範囲を限定しないことについては、たとえば、採用のときに自動車の免許を有していることを求めるようなことまで適用範囲に入れる必要があるのか、というような議論があると思います。しかし、ではいったい何ならば適用範囲に入れてはいけないのかを判断するのが非常に難しいでしょうし、間接差別自体が問題提起の概念であって、適用範囲を限定するのは、それにそぐわないと考えています。その観点から、とりあえず適用対象として、その後、問題とされた基準の中身を吟味していく対応のほうが望ましいと思います。

今、もし間接差別が展開するとなれば、おそらく民法や労働法といった法律を法的基礎として用いることになると思います。労基法4条については、すでにこの条文自体が性を理由とする差別を禁止することを明文で定めています。間接性差別も性を理由とする差別ですし、間接差別の適用を排除している定めもありませんから、労基法の中では十分に展開する余地があると考えています。

また、民法なら90条が法的基礎としてあがってくると思います。この点については、間接差別の禁止が果たして「公序」と言い得るかどうかが、議論になりうると思います。

この点は、公序の中身をある程度分けて考えなければいけないのかもしれませんが、裁判例では、阪神・淡路大震災の被災者自立支援金支給の要件を震災から3年半経過した基準日時点に世帯主である者が被災していることとする世帯主被災要件が問題となった事件(大阪高判平成14・7・3判時1801号38頁)があります。大阪高裁が、この要件について、結婚した男女が世帯を構成する場合、男性が住民票上の世帯主となることが多いことを理由に、公序良俗違反に該当するとして無効という判断をしていることを踏まえると、公序のもとでも展開の余地があると考えています。

● 均等取扱いと労働者代表制度の意義

川口会員のもう一つのご質問、労働組合と労働者参加型の機関との関係がどうなっているのかについてです。

初めに確認すべきは、私がこういった企業内の労働者が参加する組織を構想した理由だと思います。私がこの機関を構想した理由、ポジティブ・アクションの実施で、労働者が参加することが大事だと言ったのは、労働者が職場の問題点や労働者に必要とされている事柄を最もよく知る者であるからです。各職場で起きている問題は多様ですから、この機関にはなるべく多様な労働者が入るべきであると考えています。こういった事柄を出発点としています。

このような機関と労働組合との関係をどう位置づけるかは、難しい問題だと思います。ですが、少なくとも現時点で言えるのは、労働組合はいまだに正社員の方々が加入しているケースが多数であり、組織対象を特定の範囲に限定することについて原則として制限がないことからすると、私が指摘した企業内の機関に代えて労働組合を用いるのは、難しいと考えています。

とはいえ労働組合がポジティブ・アクションの実施等について具体的な意見を表明することは大切なことですし，こうした取組みを現に行い，組織対象を多様化させる組合も増えていますから，私が指摘した機関をまず作ったうえで，それをサポートするという位置づけは十分可能と思います。

具体的にどうサポートするのか，そもそも企業内の機関自体もどういったものを構想するのか，参加者の多様性をどのように確保するのか，といった点はまだ詰められていないところです。これらについては，今後の課題とさせてもらいたいと考えています。以上です。

浅倉（司会）　ありがとうございました。長谷川会員に対するご質問はこれだけです。

2　雇用形態間の均等処遇について

浅倉（司会）　シンポジウム3番目の報告が緒方会員の報告でしたが，これに対しては，たくさんの質問がありました。まず，先にとりあげた龍井会員と川口会員からの質問があります。

龍井会員から，パート労働法について，「正社員の規定自体が問題であるという場合は，その正社員の規定を変えていくのか，あるいはこれらの拘束性を考え直す，あるいは，新たな基準，ワーク・ライフ・バランス，そういう差別禁止を再構成するのか」というご質問です。

川口会員からは二点質問がでています。一つは，「『パートタイム労働者』，『有期契約労働者』，『派遣労働者』と並べて書いているけれども，区別したほうがよいのではないでしょうか。差別的取扱いの主張立証責任も同じでいいのか」というご質問です。

もう一点は，「企業レベル，職種・産業レベルでの労使の集団的合意に基づく労働条件の設定が，均等待遇原則が有効に機能するためには重要だと思います。しかし，その前提を欠く日本においては，丸子警報器事件の地裁判決のような柔軟な考え方も当面は重要ではないでしょうか。併せて，労働組合，労働協約の関与や発展をどう推進していくのかということも，今後，検討する必要があるのではないか」ということです。これについて緒方会員，お願いします。

● 比較対象者の設定をめぐる問題

緒方桂子（広島大学）　最初の龍井会員からの質問についてですが，質問のなかで，「おそらく現行制度においては，『通常の労働者』という規定自体が問題である」とされています。これは全く同感で，そういった観点から私も報告をしました。いただいたご質問は，それを，今後，どう変えていくべきかという趣旨だと思います。

その点に関して言えば，まず，パート労働法が「通常の労働者」と規定している部分を，「比較しうる労働者」と変えていくことになると思います。そのうえで，比較しうる対象労働者について，現行のパート労働法は職務の内容，職務内容・配置の変更の同一性，契約期間の有無の三つの指標から判断することにしていますが，このう

ち,「職務内容の同一性」を比較対象労働者選定の基準とすべきと考えています。このようにして比較対象労働者の範囲を広げます。次に,ワーク・ライフ・バランスなどの新たな基準で再構成するのかというご質問については,比較対象者を選んで比較したときに,なにがしかの差がある場合に,当該差が合理的かどうかという判断において,労契法3条3項が規定するワーク・ライフ・バランス原則を基準として入れるべきであると考えています。

次に,川口会員からの質問についてですが,「パートタイム労働者,有期労働者,派遣労働者の差別取扱いの立証責任は,同じでいいのか」とされており,おそらく川口会員は,「これらは同じではないだろう」と思われているのだと思いますが,よろしければ,そのあたりを少し補足してもらえるとありがたいです。

川口美貴(関西大学) 関西大学の川口です。私も,まだきちんと詰めて考えているわけではありませんが,パートタイム労働者と有期契約労働者の場合は,比較対象となる労働者と使用者が同一であるのに対して派遣労働者の場合は,派遣先の労働者とは使用者が違うということが,最も決定的な違いだと思います。

なので,特に,使用者に対してどのような義務を課すかについても,多分,抽象的な理念は均等待遇ということでいいとは思いますが,比較対象可能な労働者と使用者が同じ場合と違う場合とで,使用者が全く同じ比較対象可能な労働者との均等待遇についての信義則上の義務を負うのかどうか

ということは,もう少し詰めて考える余地があるというのが一つです。

また,差別的取扱いかどうかの主張立証責任について,たとえば,有期契約のパートタイム労働者であれば,そもそも同一の業務に就いているかどうかだけで判断することが妥当かという根本的な疑問があります。現在従事している業務のみによって,必ずしも賃金が決まっているのではなくて,特に一定規模以上の企業の場合だと,いろんなところに配転されて複数の業務を経験しますし,職務遂行能力みたいなものも勘案されているので,従事している業務だけで判断していいのかという問題もあります。

それとは別に,例えば労働者のほうで,比較対象可能な労働者と差異があると主張しようとしたときに,パートタイム労働者や有期労働者など比較対象可能な労働者と使用者が同じであれば,使用者はどちらも自分が契約を結んで雇用している労働者ですから,使用者に対して「今までなぜこういうかたちで違いがあるのかについて,合理的な理由を主張立証しなさい」といってもいいかもしれません。

それに対して,派遣元の使用者に対しても,派遣先の労働者と実際に違うことについて,合理的な理由を主張立証させてもいいのかもしれませんが,具体的にどのような内容を主張立証すればよいのか,証明責任は同じでいいのか,そうであるとすればその理由を考えたいと思います。

浅倉(司会) ありがとうございました。今回,非正規労働者の問題ということで,緒方会員がそれらを一手に引き受けて

くれました。その中で，主としてパート労働を採り上げたのは，実定法があるために採り上げやすかったということがありました。ただし，確かに非正規労働問題の中では，派遣と有期については，まだ手が及んでいないところがあります。

とりわけ，派遣労働者の均等待遇原則の適用については，ぜひ，会場の中からも，ご意見があれば非常に参考になると思います。ご意見があればよろしくお願いいたします。ないようですので，緒方会員，よろしいでしょうか。

緒方（広島大学） ありがとうございました。第1点目として，同一の業務であるということだけで，そこを出発点にしていいのかという疑問を提示していただきました。私は，職務の同一性は比較対象者の選定の基準であって，当該職務に伴う責任とか，たとえば，異動の問題などは，合理性審査の中で判断すべきと考えています。現行法では，比較対象労働者選定の範囲が極めて狭く，その点は現行法の大きな問題だと考えています。

第2点目について，派遣元が派遣先の労働者と同じ扱いを，自分が雇っている派遣労働者にしていない場合に，その合理的な理由が問われると考えています。この点については，基本的に，このように考えるべきものと私は考えていて，「もしも処遇を違えているとすれば，派遣元は，違うことについての合理的な理由は何なのかということを説明しろ」という話になると思います。

では，合理的な理由はあるのかというと，仮に同じ仕事を派遣労働者と派遣先の職場の労働者がしていた場合に，それが全く同じ仕事であれば，これは同じ扱いにすべきであって，処遇に格差を設けることについて合理的な理由は存在しえません。おそらくなんらかの理由を主張しても，合理的と認められるような理由を立てることはできないと思っています。

また，最近では，「派遣法においては，別の観点からの均等待遇が要求される」との主張を毛塚会員などがされていますが，私もそのとおりだと思います。つまり，派遣法には常用代替の防止という，非常に重要な法目的があって，それに即して考えるならば，派遣を雇うと何か非常に有利なことになる仕組みは作っていくべきではないというのが，私の派遣法ないし派遣労働者の均等待遇に対する考え方です。

● 均等待遇原則と労使の集団的合意

緒方（広島大学） もう一つの質問として，「均等待遇原則が有効に機能するためには，労使の集団的合意に基づく労働条件の設定が重要だと思う」と，指摘されました。私もそのとおりだと思います。これは，具体的には，協議義務の法制化を考えておられると理解してよろしいですか。

川口（関西大学） とりあえずそれでいいです。

緒方（広島大学） そうですね。それは，十分に検討に値する考え方だと思います。ただ，一点だけ指摘させていただきますと，そういう何か協議をして，手続を踏んだということで処遇格差の合理性審査を

シンポジウムの記録

パスするには，制度的な担保がないと難しいと私は考えています。

たとえば，ドイツの従業員代表委員会のように，協議する機関に選任される人の任期や資格などをきちんと法定化し，発言権や身分的保障なども法制化します。そのように制度を整えたうえで労使協議をやり，それになんらかの法的な効果を発生させることはありうると思います。しかし，そういった制度的な担保がないと難しいと考えています。

もちろん，私も，労使の集団的合意に基づく労働条件の設定が重要であると感じています。もっとも，今回の報告では労使協議の法制化の方法については展開していません。さしあたり，実際に訴訟になったときに，裁判所が行う合理性の判断の中で，そういった協議や十分な説明が行われていないということがあれば，不利に判断されるという反映の仕方は考えられないのか，そういうかたちでの間接的な効果を考えています。

● 異別取扱いが許容される「合理的理由」の判断要素

浅倉（司会）　次に，水谷英夫会員と宮里邦雄会員のお二方からの質問を採り上げます。両方とも，関連した質問になると思いますが，合理性の要素についての判断を問うご質問です。このお二方からの質問について，回答していただけますか。

緒方（広島大学）　水谷会員も宮里会員も私法的効力について質問をくださっています。まず，均等待遇に違反した場合の具体的な内容に関する質問についてですが，法違反の場合の私法的効果について言えば，均等待遇違反が認められるならば，契約内容のその部分について，違法無効となり，空白になった部分は契約解釈によって補充する，あるいは不法行為に基づく損害賠償請求が可能であると考えています。

次に，水谷会員からは，こういった例を示していただいています。「ある県に10店舗展開しているスーパーで，正規職員『A』と非正規職員『B』は，中核的業務の内容が実質的に同一で，『A』は，店舗間の転勤が義務付けられている場合，この場合，転勤は責任の軽重，有無，判断の重要な要素になると思いますが，『B』は『A』と同一賃金のみならず，転勤を要求できるのでしょうか」。

ご質問の内容は，「A」と「B」の業務の内容が実質的に同一であれば，その二人が結んでいる労働契約の内容が全部同じになるのかということなのでしょうか。私の理解の仕方が間違っているかもしれません。水谷会員，よろしければ，少し補足的に説明してもらえるとありがたいです。

浅倉（司会）　よろしいですか，水谷会員。

水谷英夫（弁護士）　特に，そんなに難しい例を想定していたのではありません。スーパーなどで，実質的には，たとえば今の場合は，「A」と「B」という例です。「A」と「B」というパートの店長などもいますので，そういう場合について，たとえば，レジ係でレジを打っていると，全く正規の人も非正規の人も同じ仕事を実際はや

っている場合があります。

最後にどうするかというと，たとえば，集めたお金を金庫に届けるのは正規の方がやって，非正規の方に最終的な責任は持たせないというのはよくあることです。

私が経験してもそういうのがあります。それ以外のことは基本的に同じ仕事をしています。朝も帰りも全く同じという場合を想定しています。なおかつ，正規の方は，今の場合だと転勤が義務付けられています。このようなケースを考えてみると，中核の仕事は基本的には同一であると想定できるというのが私の説明になります。

緒方（広島大学）　わかりました。おそらく，宮里会員からの質問への回答とも重複するかと思います。先に，宮里会員の質問を述べさせてください。宮里会員からは，「均等待遇原則の適用にあたり，比較可能な労働者の判定基準としては，同一労働に従事しているかのみを考慮するという考えには賛成です。とはいえ，差別の合理性をどう判断するかという判断要素の取り方によっては，結局，結論は変わらないということになりかねません。差別を許容し得る合理性の要素として，どのようなことを考えているのか。パート法とは異なる指標として具体的に考えていることがあれば示してほしい」とご質問をいただいております。

さしあたり，転勤については別に考えるとして，さきほどの水谷会員の例で言うと，「差別を許容し得る合理的な理由」としては業務に対する責任や権限などがあると思います。宮里会員に対する答えとして，ご

く抽象的に言うならば，職務と有意な関連性を有する要素が，合理性を肯定する要素になると考えています。その要素の具体例が責任や権限と言えます。

水谷会員がさきほど例にあげられた，「お金の管理について責任がある」の「責任」の意味についてですが，このように考えています。たとえば，正社員の方であれば，そのお金を紛失したなら，損害賠償の対象となったり，懲戒の対象になる一方で，何かの都合で，非正規の人が，そのお金の管理をし紛失した場合でも損害賠償や懲戒の対象とならないとすれば，責任に違いがあるということができ，処遇の違いを合理的に理由付けると思います。

ただ，ここは，報告のまさに微妙な点ではありますが，さきほど宮里会員のご質問で「判断要素の取り方によっては同じではないか，結局変わらないじゃないか」と指摘されました。そのとおりだと思います。私もその問題意識を持っています。

今までにも，学界において，「こういった理由は合理的な理由になるのか，ならないのか」との議論があり，蓄積があります。しかし，「それが必ずしも効果的な解決につながっていないということに，そろそろ目を向けてはどうか」というところに，今回の報告における基本的な問題意識があります。

本報告では，具体的に，立法論的解決として，二つの新しい制度を提案しました。そのうちの一つが，訴訟の場面で，独立専門家に，職務の価値を評価してもらう仕組みを入れるというものです。もはや概念的

なレベルではなく，実際にそういう仕組みを作ってはどうかと考えています。

宮里邦雄（弁護士） 私が「結論として変わらないのではないか」と言ったのは，少し言い過ぎだと思いますが，入り口審査のところでは，客観的な職務内容だけを判断し，その他の要素は合理性の有無および，合理性の程度の問題として判断するという判断手法は重要だと思います。従来，合理性の問題も，入り口の審査で検討されるものだから，結果として，均等待遇原則が適用される場面が，少なくなっていると思います。

● **比較対象者設定にかかる職務内容の比較基準**

浅倉（司会） ありがとうございます。今の議論は，大変核心に触れた問題であると思います。緒方報告でも，強調されていたのは，「とりあえず現在の職務の内容について比較可能性の判断基準と」して，「そのあと，格差の合理性の判断に移っていく」というご報告だったと思います。最初の入り口においては職務の比較を行い，人材活用の仕組みや運用というものは，むしろ合理性のほうに回して，職務内容についての評価をまずは行うべきだという主張だったのではないでしょうか。

現在，すでに厚労省は，職務分析・職務評価マニュアルという文書を出しています。これは，パートタイマーと通常の労働者の「職務の内容」の同一性を判断する手法を示している文書だと思います。

これもいろいろと問題がある内容だとは思いますが，とりあえず職務の内容比較という入り口の基準について，厚労省が考え方を示しているものではないでしょうか。よろしければ，会場から，この文書の内容についてご批判やご意見を伺いたいと思うのですが，いかがでしょうか。急にお願いして恐縮ですが，中野麻美会員，一言コメントをお願いできるでしょうか。

中野麻美（弁護士） 厚生労働省の職務分析・職務評価実施マニュアルは，パートの均衡処遇に向けて，通常の労働者と比較する三つの要件のうちの「職務の内容」について，職務内容を明確にするための職務分析と，他の職務と比較する評価の手法を示したもので，パート法では当然職務内容が「同一」の場合に限らず，同一ではない職務を担当している労働者であっても職務の内容を勘案して均衡処遇を図るとされているわけですから，いろいろな職務の違いのバリエーションに対応できるものでなければならないはずです。その点で，一般的に職務を評価する場合に，same work（同一労働），like work（類似労働），work of equal value（同一価値の労働）と，その三つの類型があり，そのいずれに該当するかによって職務の価値評価を「するか・しないか」が振り分けられることになると理解しています。そして，私の理解で言えば，same work と like work については，同一の待遇につなげる概念として，職務評価を抜きに待遇の格差の合理性を判断することになります。ところが厚生労働省の「実施マニュアル」では，せいぜい同一労働ないし類似労働の範囲でしか均衡処遇の

ための比較対象にできないかのようで，異なる職務の価値を中立的な基準によって評価するという領域については全く度外視しています。そもそも法制度上は，同一労働は類似労働を含むことを明確にし，「異なる職務」に対しては価値を評価して同一と判断されればパート差別を禁止される要件である「同一の職務」とするという整理がなされる必要があるところです。

このように非常に狭い領域にとどまっているのは問題だと思います。

また「職務評価」の手法としてみても，外形的に異なる職務を比較するというのであればこの種の判断につきもののバイヤスを取り除く厳格な比較の手法が採られていないことから，直感に基づく偏見が入り込みやすいことが問題として指摘できると思います。

聞くところによれば，この「実施マニュアル」については「ヘイシステムを職務評価に導入して，手法を組み立てていく」ということのようですが，ヘイの手法で本当に性中立的というか，あらゆる差別から影響を受けない，客観的な中立的な職務評価ができるのかというのは非常に疑問があります。むしろ，ILOが職務評価についてマニュアルを作成しており，ILOではこれをもとに世界各国に技術援助をしています。そういったものを，どうして参考にしなかったのか疑問です。

これは，平等な賃金実現のための性中立的な職務評価の実施をテーマにしており，職務評価の大ファクターを四つ（(職務が要求する)知識・技能，負担，責任，(当該職務遂行のために要求される)労働条件）定めますが，これでは大雑把に過ぎるので，大ファクターに加えて第二次的なファクターを入れます。実際に選択される二次ファクターは企業や部門によって異なりますが，守らなければならない原則は，(1)厳密な方法で行うことと，(2)ジェンダー中立であることだとされています。

これは，比較対象になっている職務を詳細に分析したうえで，共通に評価するに足りる要素を確定していきます。大ファクターに対応した二次的な要素を決めるにあたっては，客観性をもった性中立的なものであるかどうかを厳しくチェックします。

その点からすると，厚生労働省のガイドラインは，果たしてそうしたチェックが行われているのかが大変疑問です。たとえば，「成果がどれだけなのか」という非常に抽象的な概念になっています。また，主要な仕事を担当しているのかというと，何が主要で何が成果の大きさなのかを測る物差しは非常に直感的になってしまいます。

たとえば，総合商社のケースで実施した経験によると，利益を上げるのは，営業担当でいくら成約して稼いだか非常に見えやすいのですが，成約した契約を履行して確実に利益を得て計上させていく仕事をバックオフィス（営業事務）担当者が処理しています。そうすると，どちらが最終的に計上された利益に貢献したのか，またその利益につなげるために必要な力とは何か，その大きさを測る物差しがないと，どう評価したらいいかわからなくなってしまいます。

そういう大ファクター，中ファクターを

シンポジウムの記録

中立的に厳格に定めるというプロセスが必要で、それが確保されていなければ客観的で中立的な職務評価とはいえないということになります。また、中ファクターに対応してレベルを決めなければいけませんが、このレベルについても、厳格な定義を実施しなければいけないことになっています。厳格な手法が採られるべきだという点では、加点方式、つまりポイントをきちんと定めて、客観的にその評価を批判的に検討できるだけのものでなければならないわけで、そうした点から見ると、厚生労働省のガイドラインは、まだまだ改善の余地があります。本格的に導入するものではなくて、「まあ、やってみてください」というレベルとしては評価できるのかもしれませんが、国際的に求められている「職務評価」の水準からみれば問題は多いと思います。

浅倉（司会）　ありがとうございました。では、会場から、林弘子会員、どうぞ。

林弘子（福岡大学）　今、中野会員から大変重要な指摘がありましたが、これから問題として発展していくと思うのでコメントさせてください。ILOの職務評価のガイドブックの最初に、重要なただし書きがあります。

「ILO 100号条約」は「同一労働同一賃金と同一価値労働同一賃金を含んでいるが、このガイドブックは、同一労働同一賃金は対象にしていない。対象にしているのは同一価値労働同一賃金だけだ」と断りがあります。

なぜなら、同一労働同一賃金はわかりやすいからです。「男性と同じ仕事、あるいは類似した仕事をしている場合」というのは、このガイドブックの対象にしていない、と書いてあります。あのガイドブックは、あくまでも同一価値労働同一賃金に関する職務評価のためのガイドブックなので、今、厚生労働省が、「同一労働同一賃金に関する職務分析・職務評価マニュアル」の作成をしていますが、ILOは同一価値労働に対する、厚生労働省は同一労働に対する職務評価というずれが出ています。読まれる方は、注意されたほうがよいと思います。

浅倉（司会）　ありがとうございました。重要な補足だと思います。今のご議論は、パートタイマーと通常労働者との比較に際しての職務評価をめぐる議論でしたが、実はこれは、「ILO100号条約」にしても、中野会員が言われた商社・兼松のケースなどにしても、男女の職務の比較にも通ずる議論になっていますので、両方にわたって議論ができたと思います。

● 「合理的理由」の有無の判断と相当性

浅倉（司会）　では、緒方会員へのご質問について、再度、採り上げていきたいと思います。どちらかというと、今度は比較の問題というよりも、比較したあとの効果の問題に関するご質問になります。最初は、中村和雄会員です。ご質問の最初の部分は、合理的理由の有無の問題ですが、そのバランスを逸脱した場合の均衡処遇についての取扱いの問題です。

次のご質問は、濱口会員からです。これは、もしかしたら渡辺報告と大きく絡んでくると思います。すなわち、均等に取り扱

うという場合にも，優遇されていた人を引き下げる場合もありうるのですが，使用者が格差是正を目的として，正規の労働者の労働条件を不利益に変更した場合，合理性の判断基準をどうするのか，という点についてのご質問が出ています。このお二人の質問について，緒方会員，お願いします。

緒方（広島大学）　まず，中村会員から，処遇格差の合理的理由について，相当性の程度をどのように判断するのかという質問をいただきました。質問では，「たとえば，配転の可能性の有無が合理的理由とした場合に賃金格差が2倍になったら相当なのか，それとも1.5倍ならどうか」と問われています。

これは，要するに，「価値の評価は，数量的にせざるをえないのではないか」という指摘だろうと思います。おそらく，さきほどの宮里会員の質問への回答と共通しますが，合理的理由に関する学説の蓄積は決して小さくないものの，実際に，それが解釈や裁判実務などに十分に反映し，低い処遇にある非正規労働者に対して実効的な救済を与えてきたかという点に疑問を持っています。

「そこで何か方法を考えなくてはいけない」という観点から，いろいろ考えてみました。そのうちの一つには，数字で規制限度を示すというのがあります。これは，2000年に，和田会員が労旬（労働法律旬報・旬報社）に発表されたパート法試案に出ている見解なのですが，その中で，「労働時間がこのぐらいの差なら，このぐらいの賃金格差じゃないといけない」という基準が示されています。

このように，「このくらいの差じゃないといけない」という上限規制を数字として示すのは，とりわけパート労働については，十分に効果的な基準といえるのではないかとは思います。しかし，今回，もっと広い範囲で雇用の均等処遇や雇用平等を考えた場合には，もう少し統一的な救済システムとして考えるほうが良いように考えました。

具体的に，本報告の中では，独立専門家に職務評価を委託する制度の導入を提案しています。そのような意味でいくと，中村会員のおっしゃるように，職務価値を数量的に表して，価値の程度を測る方向に展開していくべきだろうと考えています。

● 差別の是正をめぐる問題

緒方（広島大学）　次に，濱口会員からの質問についてですが，これはおそらく，渡辺会員のほうから適切な回答があると思いますので，私が答えられるものだけ答えておきます。

ご質問では，「雇用形態差別では，非正規が多数になっていることもあり，正規の労働条件引き下げの合理性との関連が必要ではないか。使用者が，格差是正を目的として正規の労働条件を不利益に変更した場合の合理性判断をどうするのか。さらには，いかなる手続きを経れば合理性が推定されるのかといった論点を併せて論じないといけないんじゃないか」という指摘をいただいています。

まず第1点目の，「正規の労働者の労働条件の引き下げもあるのではないか」とい

う問題ですが，訴訟になって，救済を求めているレベルについて言うならば，渡辺報告にあったような適時性の問題があります。そういう意味で言うと，個々の救済については，上位にある優遇を受けている者の条件を引き下げるかたちの救済はないと考えます。

第2点目の，「正規の労働条件を不利益変更する場合」です。これは，私の理解に間違いがなければ，就業規則の不利益変更（労契法10条）の問題になりますので，「非正規にある労働条件の格差を是正を図るために，労働条件を不利益変更します」あるいは「全体的に格差を均すような不利益変更します」というのが変更の必要性として「合理的な理由」と言えるかが問題になります。この点について，私は合理性を認める方向で判断されると考えています。

ただし，それは不利益の程度と比較されますし，代償措置や労働組合等との交渉の過程等総合考慮したうえで判断されます。

「いかなる手続を経るか」という点については，繰り返しになりますが，まず比較対象労働者を選定します。その際，必要があれば，仮想的比較対象者で考えるべきであると考えています。次に，比較対象労働者と当該労働者との間にある格差について合理的な理由があるか否かを判断します。その裁判所における合理性判断において，独立専門家による職務評価制度を導入し，それによって解決を図っていきます。

浅倉（司会） 質問されたお二人，よろしいでしょうか。どうぞ，補足で発言してください。

濱口桂一郎（労働政策研究・研修機構）
JILPT（労働政策研究・研修機構）の濱口です。基本的な問題意識として，ものごとが起こってから事後的に裁判所でどう救済するかという話だけでこの問題を論じられるのか。そもそも労働法学というのは，事後的な処理をするだけのものなのか，それとも事前的な対応まで考えるものなのかという議論にも至ると思います。

私の問題意識は，差別された非正規労働者が訴え出るという事態にならないように，企業側が現にある差別的な待遇を事前に変えようとして，非正規の引上げとともに正規の引下げを行う場合に，それが正規労働者側から不利益変更として訴えられるというのでは，規範と規範がぶつかってしまいます。そうすると，裁判所の判決が出るまで，どちらが正しいかわかりません。

そうなると，企業側に差別を是正しようという意図があってもやりにくいということになります。つまり，企業によるプロアクティブな是正を困難にしてしまうことが基本的な問題です。結局は，合理性の判断ということになりますが，それも，判断基準が不明確です。少なくとも事前的には全然明らかではありません。裁判所に持っていかなければどうなるかわからないというのでは，是正のしようがありませんから，事前的に明確なかたちにすべきではないかという問題意識なのです。労働法学は，裁判所に行ったところから話が始まる法解釈学であるだけでなく，現場で解決方向を指し示す実務法学でもあるべきだという問題意識から申し上げました。

私の質問の最初のところに書いたことですが,「差別問題あるいは均等問題は,三者問題である」。使用者と被差別者だけの関係ではなく,使用者と優遇者と被差別者の三者関係です。今までは,多数の優遇者を前提として,少数の被差別者をそれに合わせるという議論だけをしてきましたが,必ずしもそうではない状況が出てくると,初めから優遇者の引下げに踏み込んだかたちで議論をしていかないと,差別解消自体が不可能になるのではないかという趣旨で申し上げました。

ただ,実は,この質問は午前中の時点で書きましたので,午後に渡辺会員が,まさに,それに近い問題意識で報告されたので,若干それと重なったところがあります。のちほど渡辺会員からコメントいただければ幸いです。

● 「均等待遇アプローチ」と「不利益取扱い禁止アプローチ」(1)

浅倉(司会) ありがとうございます。まさに,午後の渡辺報告との関連で出していただいた質問につながっていると思います。さて,緒方報告に対しては,弁護士で早稲田大学大学院の黒岩容子会員,それから,豊川会員のお二人からも質問が出されています。これまでの質問と重複しているかもしれませんが,加えてご質問があるかもしれません。さらに補足的にご質問をされますか。もしご質問があれば,手を挙げていただけますでしょうか。では,豊川会員から。

豊川義明(弁護士) 豊川です。緒方会員に,「均等」「均衡」と公正原則をどう考えているか,という質問を出しました。

当初のレジュメの中にも,公正処遇の問題も出ていて,いわゆる平等原則がストレートに貫徹する場合と,雇用形態の間のさまざまな条件の差がありながらも,この格差はやはり公正ではないということがある。派遣労働の関係で,ある民間放送の職場の関係を見たときに,同じ照明の仕事をしながらも,社員が「10」であるならば,派遣労働者の賃金は「5」,あるいは「3」です。

そうすると,平等原則とはストレートに言えない部分もあるなかで(雇用形態の差など),言えばいいことですが,平等原則より広い概念になりますが,平等原則を含めた法における公正原則を,自由とか平等とか,効率とか公共とか,さまざまな価値を含みますが,そのような公正原則も有効な是正のための原則だと考えています。緒方会員は,その点をどう考えているかを聞こうとしました。

浅倉(司会) ありがとうございます。もう一人,黒岩会員,お願いします。

黒岩容子(早稲田大学大学院) 雇用形態による処遇格差是正を考えるときのアプローチの方法として,均等待遇つまり,「等しいものは等しく扱う」というアプローチをとって職務の同一性なり均等性を差別の入り口で要件にすべきか,それとも一定の事由に対する不利益取扱いを禁止するというアプローチをとって,入り口の段階では職務の同一性を要件とせずに職務の同一性の有無は,正当化のレベルでの判断

要素の一つとする方法をとるべきでしょうか。不利益取扱い禁止のアプローチをとるならば、たとえば、賃金とか職務と関連した労働条件に関しては、正当化の判断段階で職務が違うことで処遇も違えることが認められうることになるでしょうし、職務の同一性と関係ない労働条件については正当化が否定されて違法となるというかたちになると思います。

格差是正のためのアプローチとして「同じものは同じに扱う」という平等取扱い型のアプローチと、一定の事由についての不利益取扱い禁止という型のアプローチと両方考えられて、それぞれどういう場面で用いるのが適切かという問題があると思いますが、それについての意見を伺えたらと思います。

緒方（広島大学） ありがとうございました。「一定の事由」の意味は、具体的にはどのようなことでしょうか。

黒岩（早稲田大学大学院） たとえば、パートタイマーだということで不利益に扱うことの禁止や、女性であることを理由として不利益に扱うことの禁止です。不利益取扱い禁止アプローチの場合には、パートタイマーの処遇が正規労働者より不利益であれば、差別の成否に関する入口は突破して、あとは正当化のところで、たとえば、パートタイマーは職務が違うから時間単価賃金が違っても正当性があると言えるか否かを判断することになります。時間が短いことや職務の違いと関連のない、たとえば、健康・安全衛生や組合活動の権利などは、パートタイマーという理由で正社員との格差を正当化することは認められないと思います。

緒方（広島大学） すみません、不勉強で、よく理解できないのですが、たとえば、「パートだから」ということで差別をしたことが明らかであるときには、当然合理的な理由にならないような気がしますが、どうですか。

黒岩（早稲田大学大学院） 訴訟を考えた場合に、申立てする労働者側が、職務の同一性などを最初に立証して入り口を突破する必要があるのかどうかです。

浅倉（司会） わかりました。多分、アナロジーとして、性差別を例にあげると非常にわかりやすいと思います。つまり、「女性だから、賃金について差別された」と言うためには、必ずしも同一価値労働であることを前提としなくても、「性を理由として差別された」という立証から入っていけるということでよいのではないか、という議論なのではないでしょうか。

つまり、「最初から同一職務とか、同一価値労働とか、そういう設定をしなくても、入り口である事由を理由として不利益な扱いがなされた」ということを主張し、その後に、賃金については、「同一価値労働ではないのだから、格差がある場合には、その正当性があるのかどうかをみていこう、そういうふうに議論をつなげていくべきだ」というご意見ではないでしょうか。それでよろしいでしょうか。

緒方（広島大学） 今後、もう少し勉強させていただきたいと思います。私は、ILO 175号条約などにおける規定を念頭に

おいて考えており，「比較可能なものについて不合理な差別をしてはいけない」という捉え方で考えてきました。黒岩会員のおっしゃるように，「パート」と正規労働者との間に格差があってはならないと一般的に考え，その格差の理由を合理性判断の中で行うという捉え方を考えていなかったので，今後，考えさせてもらいたいと思っています。

● 均等・均衡概念と「公正」概念の関係

緒方（広島大学）　次に，豊川会員の言われている均等と均衡の公正との関係についてですが，本報告では均等と均衡について述べましたが，その上位概念として，私も「公正」というものを考えています。

まず，均等と均衡の関係についてですが，「均等と均衡」という言葉の意味から見ると，均衡処遇は，同じものを同じように扱い，違うものは違いに見合った処遇を行うことを内容としています。言葉の意味からいくと，均等処遇を包摂する，それよりも広い概念です。

しかし，法的な効果から見ると，この二つは異なる概念であると考えています。すなわち，均等待遇の原則は，比較対象者との間の合理的理由のない不利益取扱いの差別を禁止するもので，処遇が不利益取扱いと判断される場合には，司法的に無効となると考えます。

他方，均衡処遇の原則は，バランスのとれた処遇を行うことを企業に対して課していますから，部分的に不利益な取扱いがあっても，それは許容します。

また，均衡処遇と均等処遇は理念の点でも異なると思います。報告のなかでも述べましたが，均等処遇は労働者の人権保障に根ざすものと考えています。それに対して，均衡処遇は，政策的に受け入れられそうなところでバランスをとろうとする，政策的なものであろうと考えています。

次に，公正についてです。私は，公正を均等処遇の上位概念と捉えています。すなわち，公正があって，それに包摂されるものとして，労働条件についての均等待遇があります。

非正規労働者と正規労働者は，もともと構造的に非正規労働者のほうが不利益を受けやすい構造があります。ですから，労働条件のみならず，身分の不安定さなど，もっと広く非正規労働者の被る不利益を緩和する措置が必要であると考えています。たとえば，転換義務や有期労働契約研究会で議論されていた「特別手当」などがそれにあたります。そして，そういったものと均等待遇とを併せて実現される状態を「公正」な状態であると考えています。

● 雇用形態間の均等待遇――小括

浅倉（司会）　ありがとうございました。緒方会員に関するご質問については，まだ処理できていない問題もあるかと思いますが，あとの年齢差別の問題ともかかわりますし，さらに救済方法のあり方ともかかわってきますので，議論を少し先に進めさせていただきます。次のご報告に対する質問に移ります。

石田眞（司会＝早稲田大学）　それでは，

司会が代わります。大変興味深いやり取りが展開されています。さきほどの黒岩会員と緒方会員のやり取りの中で重要なのは、性差別と雇用形態間差別を同じに扱えるかどうかという問題だと思います。司会の浅倉会員からは、「性差別のアナロジーで言えば」というご発言もありました。その辺りのことも含めて、長谷川会員と緒方会員の二つの報告について、年齢差別の問題に入る前に、趣旨説明をおこなわれた和田会員からコメントをもらって、年齢差別の議論に入りたいと思います。

和田肇（名古屋大学） 特にコメントはありませんが、一つだけ、水谷会員の質問は考えていませんでした。緒方会員の報告の中で、差別是正の話を省略しましたから、その関係で多分質問が出たのだと思います。これは、たとえば、「教育訓練を差別されたときにどうするか」、「時間外労働を差別されたときはどうなるか」という問題になります。

たとえば、転勤をしないことが一つの評価基準になるか、それが賃金にどのように反映されるかという問題と、同じような仕事をしていながら、異なる人事・賃金処遇が可能かという問題は、おそらく違うと思います。

この点が、回答の中では十分に区別されていませんでした。あとでもし時間がありましたら、渡辺会員の話も関連していますので、その辺の補足をしてください。

緒方会員の報告の中で、なかなか議論がかみ合わないところがあるかもしれませんが、一つの問題は、前提として、「できるだけ雇用形態間に差別をなくしたほうがいい」というのが、彼女の価値判断です。次に、実際に訴訟において、どのように原告が主張し、どのように被告が反論するかという問題については、彼女の意見があって、それが「かみ合うか・かみ合わないか」はありますが、そこの点について今議論がありました。

もう一つは、中野会員が補足したように、どのように職務内容の同一性、あるいは労働の同一性を評価するかという問題が出ています。これについては、まだ十分に展開されていないし、納得するものが出ていないかもしれません。

おそらくこれは緒方会員の問題というよりは、むしろ日本の実務を含めて、あるいは厚労省も含めて職務分析をきちんとやってこなかったことの問題点だと思われます。これは、われわれを含めての大きな責任だと感じます。したがって、当人たちだけの議論ではなかなか済まされない問題だと感じました。以上です。

3　年齢差別禁止規制のあり方をめぐって

● 年齢差別禁止法理の趣旨

石田（司会） どうもありがとうございました。それでは、時間の関係もありますので、議論を先に進めます。

山川会員の「年齢差別禁止の法的意義と方向性」という年齢差別問題の報告について、いくつかの質問が来ています。まず、比較的全体というか、山川報告の前提にか

かわる質問がありますので，それからご紹介いたします。

一橋大学の中窪（裕也）会員からの質問です。「差別事由における性・人種と障害・年齢の対比が，やや浅いのではないか。後者はサポートが必要と言われるが，職業上の能力は全く問題がないのに偏見やステレオタイプによって排除されることもあり，その場合は性・人種と共通する。もちろん，それだけではないからこそ独特の差別法理が形成されたのであり，そこを指摘されたのだと思うが，差別禁止の基本部分をきちんと確認しておかなければ，ミスリーディングになってしまう」ということです。

明確なご質問なので，山川会員から，直接ご返答をお願いします。

山川和義（三重短期大学）　山川です。今，紹介された質問というか，指摘された点ですが，まさにそのとおりです。今日の私の報告の流れでよくなかった点は，「性・人種」と，「障碍・年齢」に対して違いを強調しているところが出過ぎました。

もちろん，私自身の問題意識としては，「なぜ年齢差別が禁止されなければならないのか」という根本的な問題を突き付けられた場合に，もともとの問題としてよく出てきたのは，高年齢者層に対する偏見です。加齢によって労働能力が低下するとか，労働適格性が低下します。だから，たとえば，それを理由に退職させるなどのものを差別問題と捉えて，これを禁止していくべきではないかというのが，年齢差別禁止を検討すべき最初のスタートラインです。

ですから，指摘していただいた点はまさにそのとおりです。その中で，今日の私の報告では，加齢による労働能力低下や，労働適格性の低下という偏見による差別もあると思いますが，その中にも，本当に違いがあるところもありうると考えております。

これは，若い頃に比べたら健康状態が悪化するとか，運動能力が若干低下する点だと思われます。そこを強調してしまったので，最初の指摘のようなステレオタイプの問題に対する認識が，報告からだいぶ消えてしまいました。ここは訂正して変更させていただきます。

石田（司会）　中窪会員，よろしいでしょうか。実は，中窪会員の提起した問題と関連する質問がもう一つ出ています。山川会員もそれを意識して応答された側面もありますが，それは福岡大学の林会員からの質問です。

「年齢はある時点の機能・能力を推定させる指標で，高年齢者には何らかのサポートが必要とされなければならない」。ここは，山川会員の指摘です。ということは，「むしろ，（そのことが）年齢差別の主たる原因となっているのではないでしょうか。年齢差別は，むしろ，暦年による不合理な差別を禁止するものと解されます。山川会員のご意見を」ということですが，林会員に質問の趣旨について補足があったら，よろしくお願いします。

林（福岡大学）　最初のほうに，日本の一律定年制度の話が出ています。これに対してたとえば，アメリカでは，40歳以上の年齢差別を禁止しています。一応，定年は事実上ありません。個人の職業能力は，

加齢により一律に低下するとは、必ずしも言えないと思います。アメリカの場合は、40歳未満であっても職業能力が低下すれば、場合によっては解雇に至るし、日本でもそういう解雇はあると思います。

「加齢によって職業能力が低下するから」ということは、年齢差別の問題ではないと思います。暦年による年齢と、職業能力の低下、あるいは体力の低下が混同されているような気がします。

理論的には、何歳になっても個人の職業能力が適正であれば、その仕事から排除することは原則できません。暦年だけを理由に解雇できないのが年齢差別禁止の本質だと思います。

石田（司会） では、山川会員よろしくお願いします。

山川（三重短期大学） 個人の能力に基づいて、年齢にかかわらず取り扱われるべきだという規範が本体です。ただ、差別問題として捉えた場合には、まず、偏見の除去、高年齢者に対するイメージに基づいた差別の禁止も重要です。その偏見は、高年齢者は、これまでは労働能力が低下するとか、適格性が低下することがあると思います。それは、おそらく立場にもよると思いますが、日本の一律定年制の合理性の要素というか、判断基準の一つに、「加齢による労働能力の低下」が出てきます。

その意味で、年齢によって能力別に、年齢にかかわらずその人の能力のとおりに扱わなければならないという要素もあります。他方で、現在、定年制のときのように、加齢によって労働能力が低下しているというイメージに基づいて扱われるという偏見も除去しなければいけません。それが、差別の本体の一つです。

もう一つ、質問用紙のところですが、私自身は、別に加齢によって労働能力低下や、労働適格性の低下があると考えるということではありません。すごく狭くなると思いますが、確かに、加齢によって健康状態が実際に下がっていくことがあるのではないか。それを見過ごしてしまうと、「高齢者」と言われるグループと「若年者」と言われるグループを全部同じに扱っては本当の対等な競争にならないので、このような報告をしました。少し話がぼやけるかもしれませんが、よろしくお願いします。

石田（司会） 林会員、よろしいでしょうか。ご質問と十分にかみ合っていないような気がします。「暦年による不合理な差別は偏見だから、基本的にはその職業能力によって評価して、それ以外の評価であれば、むしろ差別禁止の対象になる」というのが、林会員のご質問を貫く考え方でした。山川会員の返答の筋を強調すれば、基本的には同じかもしれませんが、林会員からコメントがありましたらよろしくお願いします。

林（福岡大学） 一律に誰でも切ってしまうところに、年齢差別の一つの大きな要因があると思います。

アメリカでは90歳の教師とか、98歳の教師がいます。日本だったら、68歳、63歳など一定年齢でばっさり切られてしまいます。それが果たして本当に合理的かどうか。

早いところでは、60歳定年もあります。

一律定年制は果たして本当に差別禁止の原則と矛盾しないのか。議論がかみ合わないのですが，論文のほうでぜひご教示ください。

山川（三重短期大学） ありがとうございました。

石田（司会） ニュアンスの違いは年齢の違いなのかもしれません。

和田（名古屋大学） 今日は，山川会員の基本的なスタンスが出ていません。彼の書いた論文等を見ていただければわかりますが，アメリカのように，年齢差別禁止一本でいこうというのは基本的にありません。どちらかというと，ドイツのような定年制と連動させた年齢差別問題という基本的な視点を持っています。そこをもう少し言ったほうがよかった。

今日の彼の報告にはありませんでしたが，純粋に年齢だけを取り上げていても，年をとるとともに仕事の内容が異なってくることがあります。30歳の人が書く論文と，60歳の人が書く論文は少し違います。どちらがいいということはなくて，ある程度熟練ができて，ものを大局的に見られるようになっているなど，違う要素が年齢や経験等によって出てきますから，一律に劣ることには必ずしもなりません。

もちろん彼は十分に認識していますが，特に年齢を少し取り上げ過ぎです。それだけ別個で取り上げていますから，おそらく，さまざまな誤解が生まれると思います。

森戸（英幸）会員は，「年齢差別禁止は，いつでも首切り社会だ」と発言しています。そういう問題も含めて，年齢の問題，定年制の問題をどのように考えたらいいのかは，われわれがもう少し議論すべきです。彼も確実に一つのスタンスを持っています。そのことだけ補足しておきます。

● 年齢差別禁止と賃金

石田（司会） ありがとうございました。問題点が非常にはっきりしてきました。これに関連して，もう一つ，年齢差別の禁止をどのように考えるのかに関連して，塚原会員から質問が出ています。

「年齢差別禁止について実際に最も重要な問題として，賃金の問題があるが，それについて全く触れられていない」。「勤続年数と切り離された単純な年齢給があったとして，年齢差別禁止法が制定された場合，当然に違法になるのか」。

また，「違法となる場合，どこにそろえることになるのか」。つまり，「高年者にそろえるのか，若年者にそろえるのか」。「日本の年功制賃金をどのように把握しているか。年齢差別禁止法はこれにどのような影響を与えると考えられるか」。

日本の年功賃金との関係も含めて，純粋な年齢給が仮にあるとしたときにどう考えるかです。それでは，山川会員からご返答をお願いします。

山川（三重短期大学） 純粋な年齢給があったらどうなるのか。それが年齢差別禁止法という規制がかかったらどうなるかについては，それは，年齢差別禁止法に反します。純粋な年齢給であれば，年齢だけを理由として賃金について差別することは違法だという単純な頭でいます。

どこにそろえるのかということになると、通常、賃金はさまざまな要素で決定されていると思いますので、実際にはいろいろな要素を把握するしかありません。それによって、そろえていくしかないという話になります。ただ、それが全くない、「本当に年齢給だけだ」と言われると、「よくわからない」という答えになります。

もう一つ、年功賃金についてですが、年齢差別の一つの問題としては、年齢基準は案外合理的に使われるときもあります。その一つの例として、「形式的平等を制度の適用基準として使うときに、合理的な一つの基準として使われる」という話をしました。

その中で話したのは、形式的平等、つまり、年齢という基準に誰もが当てはまるというのは、本報告では、長期雇用を前提としたものに限られるということで話をしました。長期雇用が保障される年功賃金制度であれば、維持されると考えています。

塚原英治（弁護士）　よくわかりませんが、今お答えいただくのは無理なようですね。

4　差別禁止・雇用平等の定義・意義

石田（司会）　次は、主に渡辺報告についてです。併せて、最初の和田会員の趣旨説明との関係も含めて、質問用紙をベースに議論したいと思います。渡辺報告に入る前に、福岡大学の林会員の一つ目の質問ですが、「本シンポジウムで、雇用平等法の新たな展開となっているが、全体として差別の定義はどうなっているのか」です。これは、それぞれの報告で触れられましたが、和田会員から、この点について総括的に触れていただければと思います。

和田（名古屋大学）　十分に答えられているかどうか自信がありませんが、このシンポジウムのテーマ自身は、「雇用平等法の新たな展開」ということで、雇用平等法は、実定法ではなくて、ドイツ語で言うと、「Recht」という法分野を指しています。

どういう法分野かというと、「労働基準法3条」、「4条」、均等法、「パート労働法8条」、「9条」、「雇用対策法10条」等々を含めた広い分野で、最初に雇用平等を定義しました。ある労働者と違う労働者、あるいはグループ同士の比較において、それが規範的に問題になるような法分野と定義しました。

実定法では、平等取扱いという概念は一切出てきません。均等取扱い、均等処遇という概念しか出てきません。たとえば、募集・採用については、「雇用対策法10条」もそうですし、均等法も均等取扱いという概念を使っています。

ご存じのように、「労働基準法3条」は、差別の禁止という規定があり、均等法も、やはり差別禁止になっています。「パート労働法8条」もそうなっています。私も、この二つの概念をどう捉えたらいいか考えてみましたが、よくわからないというのが正直な意見です。効果の面から見て、何か違うのかというと、おそらく違いません。

強いて言うならば、罰則との関係で見る

と，平等取扱いという概念はなじまなくて，「労働基準法3条」，「4条」がそうですが，差別の禁止という概念がおそらくなじむだろうとわかりました。それ以外の法的な効果から考えて何か違いがあるのかというと，もし，皆さんに，「そうではない」という意見の方がいたら教えてほしいのですが，私には違いがよくわかりませんでした。

したがって，こういう言葉の違いがどうして出てくるのか，もう少し検討してみないといけないのですが，結局はわからなかったというのが正直なところです。他方，ドイツの一般平等取扱法のことを考えてみると，最初は差別禁止法だったのですが，差別禁止という概念は，現在は，ドイツの一般平等取扱法の中では使われていません。「異なる取扱い」という言葉を使っています。

山川会員が専門ですが，立法過程とか，法律を制定する際に，「差別禁止」という言葉は強すぎるから避けようという意図でそうなってきたようです。そういう政治的な，あるいは実務的な意味に違いはあるだろうと思いますが，正直，違いがわからなかった，というのが今の段階です。

雇用平等という意味で言うと，差別禁止とか，均等処遇だけではなくて，先ほど緒方会員が均衡処遇の話をしましたが，均衡処遇という概念も当然入ってくるし，障がい者差別等で使う合理的配慮という概念も入ってきます。ソフトローとかハードローでいいのかどうかは，今後，また議論すればいいですが，日本の現行法でいくと非常に幅広い概念で，かつ，それに対する制裁方法にも多様なものがあるというのが，今の私の考えです。

しかし，最初は「労組法（労働組合法）7条」とか，「労働基準法3条」しかなかった段階から見ると，現在の労働法の中で，雇用平等は非常に大きな位置を占めていて，ある意味では，さまざまな問題を横に貫くような基本的な原理にまでなっている。今後も，今までと違った視点からものごとを捉える必要があるかもしれません。

来年の学会で行われる障がい者差別，障がい者雇用の問題もそうですし，今日出た年齢差別の問題もそうです。また，雇用形態の問題等が，今，非常に大きな問題になっています。そういう視点で見たときに，今の問題は何か，今後の展開としてどういう方向があるのかを考えてみたいと考えて，今回のシンポジウムを企画しました。

私が答えたほうがいいかどうかはわかりませんが，あとで渡辺会員の話にも出てきますが，差別をされているときの救済の問題，あるいは権利・義務の構成の問題からいくと，現在，実際に差別をされている人が，裁判においてどういう救済を求めることができるかという問題があります。

あるいは，今の段階で純粋な年齢差別禁止法ができたときに，どういう賃金指標が作られるかという問題は，やはり明確に分けて議論しなければいけません。議論を明確に分けずにいくと混乱してしまうと思います。

行為規範として考えた場合，さまざまな可能性があります。つまり，優遇された人の規範だけが残って，差別されている人の

ものがなくなることもありうるし，逆に，差別されている人の規範が残って，優遇されている人の規範がなくなることもあります。それとは全く関係ない中間の段階で新しい基準を作ることも，当然ありえます。

ただ，そのときになってくると，不利益変更の問題が出てくる可能性があります。さきほど濱口会員が，客観性や予見可能性の問題を出しましたけれども，これは，やはり就業規則の不利益変更論の宿命で，その問題として処理されることになるだろうと思います。

塚原会員のさきほどの質問でいくと，2番目はそういうかたちになって，どこに基準を作るかですが，新しい基準として作る場合には，おそらく基準はないというのが答えだろうと思います。また，全く他の要素と何の関係もない純粋な年齢給については，学問的に議論する意味はありますが，実際にそれがあるかどうかは，私は，質問を見て疑問に思いました（筆者注―後の調査で，わずかではあるが純粋な年齢給の事例があることがわかった）。

年功制度の問題については，かなりの国である制度です。労働経済学の研究者たちが客観的な数字として出していますが，どこの国にも年功的な賃金制度はあります。

ただし，日本の場合は，比較的カーブが急になっている点が特徴です。職能資格給制度と生活給的な制度が中心になっているのが日本の年功制度で，多くの場合，単純に年齢だけで決まっているわけではありません。そういうものとしてどう評価するかは，年齢差別禁止の中で議論してもらえればいいと思います。

石田（司会）　和田会員から，新たに展開されるべき雇用平等法とはどういうものであるかについて，もう一度，最初の趣旨説明とその後のやり取りを含めて振り返っていただきました。

それでは，差別の定義をめぐって渡辺会員からもご発言をお願いします。

渡辺賢（大阪市立大学）　正直に言って，私自身は，その質問について十分詰めたうえで議論を始めたのではありません。本当に当たり前のことを言いますが，差別は，雇用機会を不合理に制限することで，やってはいけない話です。

差別禁止は，使用者がやってはいけないことを中心にものを考えていると思います。これは，法の下の平等の基本的な，自由権的なものの考え方に適合すると思います。

雇用平等の話になると，使用者は，労働者が就くことのできる雇用の機会を平等にするという側面が入ってきます。そうすると，平等にする場合に二つの方法があって，もちろん，差別してはいけないということと，たとえば，障碍者の関係で合理的な配慮をしなければいけないという，いわばやらなければいけないことも含んでくると思います。

そういう意味では，雇用平等のほうが範囲としては広いです。ただ，雇用平等を広く考えると，やってはいけないことと，やらなければいけないことの両方が入って，基本的には，やや方向性の違った法理が入るのが一つです。

あとは，和田会員が言われたことの繰り

返しですが，雇用平等の法理は，具体的に言うと，差別禁止だけではなくて，均等処遇や均衡処遇のように，平等というだけでなく，均衡のように比例という考え方も含まれていると思います。

これは，確かに，上位概念としては，「フェア」とか「公正」と言っていいかもしれませんが，概念的に言うと，平等と比例は違う原則として展開してきたので，一応，分けたほうがいいだろうと。

また，合理的配慮もやや異質ですし，さらに，手続的にいろんなことをしなくてはいけないとか，平等を達成するために必要なことになると思います。説明義務とか，場合によっては，情報が流出することを禁止することもあり得ます。むしろ，情報の提供をしてはいけないかたちにすることもありうると思います。

要するに，雇用平等の場合には，実体的にも手続的にもいろんな要請が考えられ，これが，差別禁止と雇用平等の違いだと考えます。

石田（司会）　どうもありがとうございました。林会員，何かご意見ありますか。

林（福岡大学）　大変参考になりました。ありがとうございました。

石田（司会）　よろしいですか。この点について，どなたか意見があればお聞きしたいと思います。よろしいですか。

5　雇用平等・差別禁止実現に向けたアプローチ

● 差別禁止実現と公契約の役割

石田（司会）　渡辺会員の報告そのものに対する質問に入っていきます。まず，渡辺会員の報告の前提にかかわるところで，弁護士の古川会員から質問が出ているので読みます。もし，補足があれば，後でよろしくお願いします。

「包括的な雇用差別禁止のための法システムを構想する場合の基本的な柱としては，『(1)司法的救済』，『(2)行政的救済』があるけれども，それ以外に，第三の柱として，『公契約を媒介とした規律が必要』ではないだろうか。合衆国における人種差別禁止のために，公契約の受注者にポジティブアクションの実施を，契約上の義務として課すことが行われた」。これはよく知られています。

「また，日本でも，大阪府では，特定の業務に関して，障碍者雇用率を達成することを入札のための必要条件としています」ということで，ある種第三の救済，あるいは禁止のシステムがあっていい，あるいはあるべきではないかという質問だと思います。何か，補足はよろしいですか。では，渡辺会員からよろしくお願いします。

渡辺（大阪市立大学）　ご質問ありがとうございます。古川会員の指摘のとおりだと思います。ただ，今回の報告では，差別紛争がすでに存在して，それに関する解決というか，その文脈の中で，とりあえず

司法的救済とか，行政救済に絞って報告しました。先生の指摘の点が重要でないとは全く考えていません。

合衆国で，人種差別禁止のために，古くからポジティブアクションの一環として，公契約の受注者にポジティブアクションの実施が行われていたことは文献で読んで知っていますが，不勉強で，しかも，大阪市内にいるにもかかわらず，先生が指摘の「日本でも，大阪府では特定の業務に関して，障碍者雇用率を達成することを入札のための必要条件としています」という大阪府の状況を，私は知りませんでした。ご教示ありがとうございます。

浅倉（司会）　単なる情報ですが，男女共同参画に関しては，現在，男女共同参画に関する「第三次基本計画」が立案されている最中です。その中に，積極的改善措置（ポジティブアクション）の実施が，かなりの比重で盛り込まれています。また，女性差別撤廃条約は「暫定的特別措置」temporary special measures と呼称するポジティブアクションについて定めていますが，条約のモニターをする女性差別撤廃委員会は，その導入を図るように勧告を出しています。

そのようなこともあって，第三次基本計画はその中で，男女共同参画実現のための公契約の締結に関しては，「男女共同参画をどの程度実施しているかを公共調達の受託企業の条件にする」という手法について，「法整備も含めて検討する」と述べています。すでに条例でこのようなことを実施している地方自治体はあると思いますが，今回，第三次基本計画に「法整備」として入ったので，そう遠い将来ではなくて，おっしゃられたことの，実現可能性はあると思います。

石田（司会）　補足をどうもありがとうございました。何かこの点について，特に，包括的な雇用差別を禁止するための法システムのあり方について，公契約を媒介にした仕組みもありうるということですし，現にあるという指摘もありました。ほかに何かこの点に関して，質問，意見等ありますか。よろしいですか。

● 「均等待遇アプローチ」と「不利益取扱い禁止アプローチ」(2)

石田（司会）　それでは，渡辺会員に対する質問です。これは，和田会員に対する質問とも関係すると思います。さきほどと少し関係しますが，黒岩会員から，「平等取扱い型のアプローチと，不利益取扱い禁止型のアプローチと，それぞれについてどのような場面で用いるべきかを検討する必要があるのではないか。その点についての意見を伺いたい」ということです。

黒岩会員のほうで，この質問の趣旨について補足があればお願いします。

黒岩（早稲田大学大学院）　雇用平等を実現するための具体的な法のルールを考えたときに，等しいものは等しく取り扱うというアプローチの仕方と，ある事由を理由とする不利益取扱いを禁止するというアプローチとがあり，両者は重なり合うところはあるけれども，微妙に違うのではないでしょうか。

さきほどの性差別について言えば、性に基づく差別・不利益取扱いを禁止して、最初の段階では比較可能性を要件として対象範囲を限定することはせず、問題となる要素は正当化判断で考えるアプローチと、平等取扱いアプローチをとって最初に同一性ないし比較可能性を要件とするアプローチとでは、少し違いがあるのではないかという気もするので、それについて、意見を伺えればと思います。

それと、平等取扱いのアプローチをとる場合に、何を平等か否かの判断要素とするのでしょうか。

渡辺（大阪市立大学） 第一に、どういう分野で差別禁止を構成するかということでしょうか。

黒岩（早稲田大学大学院） 使用者に対して、平等をより進める前向きな行為を要求する場面においては、「何と何を」及び「どのように平等に取り扱うか」という平等取扱いのアプローチが有益な場面が多くあると思います。

しかし、使用者の行為に対する規制については、むしろ、同一性ないし比較可能性のあることを前提要件とするのではなくて、ある事由を理由に異なった取扱いないし不利益な取扱いをした場合には差別を推定して、その取扱いが正当化されるか否かを反証の段階で考えるというアプローチの仕方が、有効ではないかと考えています。いかがでしょうか。

渡辺（大阪市立大学） 議論としてありうることはわかりますが、私も、さっきの緒方会員に対する議論を聞いていて、緒方会員とやや同じ印象を持っています。

議論の段階をずらす感じがあって、結局、議論の段階を正当化のところに持ってくる議論だと思います。そこに、意味付けというか、それにどういう意味があるのか、私もいまひとつ計りかねていて、理論的にありうるだろうとしか答えられません。申しわけありません。

黒岩（早稲田大学大学院） 不利益取扱いを禁止するアプローチの場合には、従業員、労働者であれば、基本的には同等に取り扱うべきだという基本前提があって、異なった取扱いが行われた場合とか、不利益な取扱いが行われた場合には、一応、差別を推定し、使用者が「それは正当だ」と反証することになります。出発段階の違いがあると思います。

渡辺（大阪市立大学） ありがとうございます。やっと了解しました。申しわけありません。要するに、差別があるというか、違った、別の取扱いをしていること自体で、まず、違法性を推定させる構成をとることになり、それを、使用者が正当化できない場合には、「その差別は違法だ」となっていくという構成を取るべきではないかということですね。

黒岩（早稲田大学大学院） はい。

渡辺（大阪市立大学） 了解しました。そのアプローチは、すべての差別事由との関係で取ることができるのかについては、私は、ややちゅうちょするところがあります。本来的に禁止しているものと、そうではないものがあると考えざるをえないのではないかと。

性別や人種等については，差別が禁止されることを前提にしたうえで出発するという議論はわかりますが，従来繰り返し言われたことですし，今日も出てきたことですが，雇用形態間差別のように，本人の意思が介在している場合に，そういう強い差別の違法性の推定の効果を働かせることが果たして妥当なのかについては，どうなのかという感じを持っています。

違法性の推定が働くものはコアの部分に限定しておいたほうが，むしろ，差別禁止との関係では議論が明確になると，私自身は考えています。

石田（司会） 非常に重要な問題だと思います。はっきりした差別，たとえば，憲法14条に規定されている差別事由の場合と，雇用形態間の差別との異同，ここのところははっきりさせないと，議論が混乱してくることになりますので，意見がありましたら，是非お願いします。毛塚会員から手が挙がっていますので，よろしくお願いします。

毛塚勝利（中央大学） 司会の方から整理がありましたが，憲法14条に関して，個人的には，前段の平等原則と後段の差別禁止は性格が違うと考えています。これを雇用差別の領域で言えば，平等原則で議論する雇用形態差別の部分と差別禁止で議論する社会的差別を明確に分けて議論すべきではないかと思っています。

差別禁止の救済に関しても，平等原則に基づく救済方法と差別禁止の救済方法では異なる。もちろん，平等原則，つまり平等取扱義務違反の問題にすぎない雇用形態差別についても，差別禁止の法的規制を置く国では，平等原則に基づく救済も差別禁止に基づく救済に近似してきます。しかし，平等取扱義務違反としての差別と公序違反ないし差別回避是正義務違反としての社会的差別では，差別の救済方法も認定プロセスも異なる。和田会員が担当された平等原則論ですが，これは雇用形態差別との関係で問題となるものですから，黒岩会員が言われた部分は，私からするとむしろ，「平等原則からのアプローチであれば，最初に，なぜ職務同一性の有無を議論することから出発するのか」という疑問になります。

たとえば，有期とかパートのために特別な処遇制度がある場合，それ自体で平等原則に反する，つまり平等取扱義務違反を推定し，それに合理的理由がなければ，平等取扱義務違反という意味での「差別」を認定するとなるわけですから，最初から，そういう職務の同一性を議論しなくてもいい。そういう意味で，黒岩会員の言われたことは，個人的には受け止めました。

すなわち，平等原則から出発すれば，最初から何も職務の同一性の有無というかたちで雇用形態差別の立証プロセスの議論を組み立てる必要はない。同一労働同一賃金原則は，私の理解ではあくまでも差別の立証過程における証明責任の分配方法の一つですから，1番目に使ってはじめる必要はない。2番目や3番目に使うことでも構わない。

ということで，本日の議論を全体から見ると，やはり「憲法14条」の前段と後段の性格の違いを突き詰めた議論がもう少しあ

っても良かったのではないかという印象を受けました。

● 差別の構造と差別の是正をめぐる問題
　石田（司会）　　貴重な意見をありがとうございました。
　それでは，渡辺報告に関連して，直接の質問ではありませんが，さきほど濱口会員が，主に緒方会員へのご質問の中で提起された「『A』が『B』に比べて『C』を差別している」という差別は，二者間ではなくて三者間での問題です。これは，渡辺会員の報告の中で，同じように，「第三者が登場する」と述べられています。
　また，救済のあり方の点で言うと，過去の差別を救済する場合の問題と，将来の差別に関しては，時間軸を置いて救済の問題を考えないといけません。この二つが，渡辺会員の今日の報告の非常に重要なポイントであって，これまで必ずしも十分に議論をしてこなかった点ではないかと思います。
　以上の点に関して，渡辺会員から，報告の繰り返しになるかもしれませんが，ご意見の開陳をお願いします。
　渡辺（大阪市立大学）　　お答えします。濱口会員が最初に書いていることは，さっき濱口会員自身が言っていましたが，「差別は，『A』が『B』に比べて『C』を差別的に扱うという三者間関係である」という，言いわばこの第三者の存在，特に優遇者の存在は，私も，従来，やや見過ごしがちであったと思います。
　そのことをどう差別の問題の中で位置付けていくかが，かなり重要な問題ではないかと。そのことは，特に，間接差別との関係で問題を発生させるのではないか。それを基本的な問題意識として，今回の報告の前半部分を考えてみました。その点では，おそらく濱口会員と私とは，問題意識は共有していると思います。
　また，濱口会員が言われたことは，一つ，非常に厄介な問題があります。要するに，使用者が差別是正をしたときにどう評価するかという問題です。
　それは，非常に厄介な問題ですから，私は逃げて，報告を進める際の時間設定で，「使用者による差別行為によって発生した状況は，これは過去であるが，一応，現在においても変わりがないことを前提」にして，差別行為があった時点と訴訟の段階では，状況が変わっておらず，差別行為があった段階の状況が，そのまま現在，正確に言うと，訴訟提起をして，口頭弁論終結の段階でも変わっていないという状況設定をしました。要するに，現在の時点では差別があって，この差別を是正することが問題であり，しかも，この場合は，訴えを起こしている原告との関係で救済しなければいけないことを前提に考えるので，結局，差別行為が無効になった場合に，無効とされた法律関係をどう補充するかという問題になってくるだろうと。
　今言った話は，現在の時点での差別禁止の格差是正の問題ですが，その問題の次に，今度は，将来，使用者が格差是正をどうするかという，また別個の問題が出てきます。要するに，現在の差別禁止の効果と，それを受けて，将来の使用者による是正は，切

り離して議論をすべきだと考えます。

　これも濱口会員が指摘したとおりですが，将来使用者が是正をする場合には，第三者である優遇者が，自分にとっては不利益になる，不利益変更の話になってくるでしょうから，それとの関係で合理性の判断をどうするかが問題になるであろうということです。

　そのときに，さっきの緒方会員からの指摘の繰り返しですけれども，いろんな事情の総合考慮の中で，差別禁止は，この不利益変更の合理性を肯定する方向に働く一要素にはなると考えています。以上です。

　石田（司会）　どうもありがとうございました。濱口会員から，何かご意見はありますでしょうか。

　濱口（労働政策研究・研修機構）　おおむね渡辺会員が答えられたとおりだと思います。必ずしも時間軸のうえだけではなくて，同じように差別的な扱いをしているA社とB社で，A社は，そのまま差別待遇を維持したために「差別だ」と言って訴訟を提起され，B社は，「差別だ」と言われたので，それを是正したところ，優遇者が訴訟を提起したというケースが考えられます。

　さきほど，「二つの規範が衝突する」と言いましたが，単に時間軸の前と後だけではなくて，同じときに被差別者と優遇者の双方から，それぞれ別の規範に基づいて，問題が提起されることもありえます。むしろ，そちらを念頭において申し上げました。基本的な話の筋としては，今言われたとおりです。

　石田（司会）　横の点はいかがでしょうか。

　渡辺（大阪市立大学）　横の点，つまりA社とB社の関係は比較対象になるのかという問題だと思います。ただ，濱口会員が言われたことが非常に重要だと思うのは，ある種の差別を是正しようとした波及効果が，さらに差別になりうる部分があるのかなと。あるいは，それ自体の合理性を問われることもあるでしょう。そのことを，やはり考えておかなければいけないと捉えています。

　石田（司会）　どうもありがとうございました。それでは，豊川会員から。

　豊川（弁護士）　濱口会員が言われた関係ですが，たとえば，組合間差別の場合に，査定の効果率が「A」の組合が「1.2」，「B」の組合が「1.0」としたときに，救済では「1.2」に是正をします。そのときに，使用者側は賃金源原資の制約があるから，それは優遇部分を引き下げてトータルで合わせて「1.1」にするべきという考え方もありえたと思います。

　しかし，問題は「三者関係」と言われましたが，実は，差別行為に対する司法というか，法の規範的な評価はどこに当てられるのかという問題だと思います。それとの関係で，「優遇者」と言われたけれども，私自身は，実は優遇ではなく，そこまでが是正の対象になる，救済の範囲として入ってくるという問題であると考えてきました。

　渡辺（大阪市立大学）　そうだと思います。私が繰り返し言っていることは，「現在の問題と将来の問題は，切り分ける

べきだ」ということです。今の時点で差別があって、それとの関係の是正と、将来的にどうするかは別の問題なので、「将来を、現在のほうへ引っ張り込んで議論をするのはどうか」と繰り返し言っています。その点で、あまり豊川会員の今の指摘と違いはないと思います。

豊川（弁護士） そうだと思います。

石田（司会） 渡辺会員に対する質問用紙による質疑は以上です。それでは、塚原会員から発言していただきます。

塚原（弁護士） 塚原です。さきほど中途半端に質問を打ち切って、和田会員から答えをもらった部分ですが、現在の日本の年齢別の賃金カーブについて、ホワイトカラーについては、ヨーロッパも同じかたちをしていることは承知していますが、ブルーカラーは違います。

ブルーカラーの賃金カーブは、ヨーロッパでは早い時期に寝てしまいます。日本の場合は、ホワイトカラーとかなり近いかたちをとっています。年齢給は実際にも珍しくありませんし、日本の賃金決定で、年齢の要素は決して小さくありません。年齢差別禁止法ができた場合、それが日本の賃金制度に与える影響は、私は、決して小さくはないと思います。賃金とのかかわりは、先行研究でも指摘されていたことです。

この点について、今日の報告で一切触れられなかったので、検討していただきたく質問をしました。以上です。

石田（司会） どうもありがとうございました。塚原会員のご指摘は、私もそのとおりだと思いますので、山川会員が論文をお書きになる際は、この点の検討も踏まえて、よろしくお願いします。それでは、豊川会員、よろしくお願いします。

● 昇格・昇進差別の救済としての確認請求の可能性

豊川（弁護士） すみません。緒方会員に質問していて、これは、実は、渡辺会員のほうの質問なので、省略していました。私が質問で出したのは、「均等法違反の私法上の効力として、昇格請求あるいは昇進請求が認められない場合に、訴訟類型として是正義務の確認訴訟を検討していますか」という質問の趣旨でした。

すなわち、昇進請求は認められない、昇格請求は認められないけれども、ケースにおいて裁判所は、平等義務違反があるので是正義務があると判断する場合があります（たとえば塩野義事件〜大阪地判）。

今の日本は司法消極主義がありますから、「昇進請求、昇格請求にならないものは、それは、難しい」となっています。団交請求は具体的な請求権としては仮処分も含めて裁判所は認めなくなりました。しかし、団交の地位の確認、団交義務を認めてその地位を確認するというのが、一つの事例としてあります。

私が言いたいのは、「是正義務の確認を請求することは、ありうるのではないか」。もう少し具体的に言うと、原告と被告との間で、たとえば、何年以降、原告が課長である地位の確認です。

使用者の人事権を担保しながら、一つの訴えの類型としてあるのではないか。この

点をどう考えているのかです。

石田（司会） どうもありがとうございました。その点を落としてしまって、すみません。豊川会員の質問は、今の発言ではっきりしました。これは、渡辺会員のほうで答えるか、緒方会員を含めて答えるかですが、渡辺会員よろしくお願いします。

渡辺（大阪市立大学） 雇用差別の救済にはその手のいわば仮処分的な要素が結構あるかもしれません。暫定的な判断とでもいうべきものが、現在のわが国の司法制度で可能であれば、現在の確認と将来の判断で切り離したその種の救済もありうると思います。

ただ、ここから先は非常に保守的なことを言いますけれども、是正義務があるからといって、是正義務が、そういったものを基礎付けることができるかは、また別の問題であろうと思います。義務違反があることから、直ちに一定の確認請求を基礎付けるものが出てくると言えるかです。

たとえば、平等取扱い義務でもいいですが、義務違反があって、それに対する不法行為請求が可能だという構成と、地位の確認ができるかは、言うまでもなく別の問題であると思います。

さらに、是正義務は、使用者の行為の義務なので、結局、確認の利益が満たされるのかという問題も出てくると思います。

そういう部分を考えると、現状の司法救済では限界がある一つの例という話になるのではないかと。むしろ、こういう救済が必要だとなると、行政救済制度を考えたほうがいいのかなという印象を持っています。

以上です。

6　総　括

石田（司会） どうもありがとうございました。残念ながらシンポジウムの終了時刻に近づいています。「雇用平等法の新たな展開」をテーマに、従来とは異なる雇用平等法をめぐる状況に対して、労働法学が、どういう対処をしていかなければならないかについて議論してきました。

それでは、和田会員から、総括的な発言をいただき、本日の議論の締めくくりにしたいと思います。よろしくお願いします。

和田（名古屋大学） 総括的なまとめにはなりませんが、2点、補足あるいは意見を述べて終わります。第1点は、黒岩会員等から出ている問題で、差別禁止の対象が広がってきましたが、その中で、差別禁止の理由ごとに違いがあることを前提に議論せざるをえないだろう、という問題です。何を人権保障的な性格のものにするかについては、まだ議論があります。たとえば、性的指向を入れるかどうかという議論があると思いますが、そういう人権保障的な性格が強いもので、とりわけ「憲法14条」で規定しているものです。

年齢や障がいなどの雇用保障、あるいは雇用促進という側面を考えていかざるをえない。これは、従来だと、雇用対策あるいは雇用促進法で対処していたものですけれども、これらについて、どこまで差別禁止というかたちで対応できるのかを詰めなければいけない。

さらに，雇用形態のように，現在ある格差を是正することが必要になってきますが，たとえば，契約の自由があって，それとの調整が必要になってくるものがあります。

この三つ目は，緒方報告にもあったように，従来だと，契約の自由で，あとは公序論に任されていたものが，パート労働法8条ができる等で変わってきています。こういうものに対して，雇用差別の禁止という視点から，どれだけアプローチができるのかについても，今後，さらに詰めていかなければいけないと思います。

これは，立証の問題とも関連してくるかもしれません。たとえば，性別だと，男性賃金と女性賃金を設けること自身ができませんが，それに対してパート賃金と正社員賃金を作ること自身は，将来的に禁止することはあるかもしれませんが，現行法では禁止されているわけではありません。

こういう違いがあるものにどのように対処していくのかについては，やはり差別禁止に則したもう少し厳密な検討が，必要になってくるだろう。若い研究者で，障がい者差別とか年齢差別についての研究が進んできています。これをもう少し進めていく必要があると思います。

第2の，そして一番問題なのは，職務分析に真剣に取り組んでいかなければいけない。差別裁判で原告にすべてを立証させることは，おそらく不可能を強いることになると思います。ヨーロッパなどで，現にやられてきていることですから，日本でなぜできないのか。今後の課題になると思います。

たとえばヨーロッパの経験では，差別訴訟においては，第三者機関に職務分析が任されることがあります。こういう手法も考えていくべきだろうと思います。そういう意味では，京ガス事件が参考になると思います。

毛塚会員の発言ですけれども，私は，よく理解できていません。「14条1項」の前段と後段の違いをどのように調整するのか，あるいは違いがあるのかについては，憲法の議論等を含め，私やほかの報告者についても，もう少し検討させてください。

今日は，いくつかの基本的な問題を採り上げただけで，ほかにまだ新しい問題がたくさんあります。こういう問題について，今後も研究を深める，あるいは議論を深めていけばと考えています。

今日は，どうも長時間ありがとうございました。

石田（司会）　司会としては，以上の和田会員のまとめに付け加えることはありません。長時間熱心なご議論，本当にありがとうございました。これでシンポジウムを終了させていだだきます。

（終了）

回顧と展望

民事訴訟法23条1項6号の「前審の裁判」と労働審判　　　　　　　　淺野　高宏
　　──小野リース事件・最三小判平22・5・25判時2085号160頁，
　　　判タ1327号67頁，労経速2078号3頁──

旧商法上の会社分割によって新設された会社への
　労働契約承継の効力と事前の労使協議　　　　　　　　　　　　　　二片　すず
　　──日本IBM（会社分割）事件・最二小判平22・7・12労判1010号5頁──

有期労働契約法制のあり方とその課題　　　　　　　　　　　　　　　國武　英生
　　──「有期労働契約研究会」報告書について──

民事訴訟法23条1項6号の「前審の裁判」と労働審判
―― 小野リース事件・最三小判平22・5・25
判時2085号160頁, 判タ1327号67頁, 労経速2078号3頁 ――

淺 野 高 宏

(北海学園大学)

I 事案の概要

1　Y(第1審被告)は建設機械器具の賃貸等を業とする会社である。X(第1審原告)は, 平成12年8月16日, Yに雇用された。XはYにおいて, 平成12年8月16日から同17年3月まで営業部次長を, 同年4月からは営業部長を務め, 同19年5月1日には統括事業部長を兼務する取締役に就任した。

Xは, 酒に酔った状態で出勤し, 勤務時間中居眠りをするなどの勤務態度不良行為がみられた。このためXの勤務態度や飲酒癖について従業員や取引先からYに対し苦情が寄せられていた。

Yの代表取締役社長であるAは, Xに対し, 飲酒を控えるよう注意するなどしていたが, それ以上に勤務態度や飲酒癖を改めるよう注意や指導をしたことはなく, Xも飲酒を控えることはなかった。さらにXは, 取引先の担当者との打ち合わせに休日だと思っていたなどして欠勤し(以下「本件欠勤」という。), Yは大口取引先からもXを解雇するよう求められた。その後, YはXを解雇した(以下「本件解雇」という。)。なお後日送付された解雇理由の回答書では, 本件解雇は, 就業規則の普通解雇事由(「技能, 能率又は勤務状態が著しく不良で, 就業に適さないとき」)に基づくものとされていた。

Xは, 仙台地方裁判所に対し, 本件解雇は民法上違法であるとして, 不法行為に基づいて, 本件解雇により被った損害の賠償を求める労働審判の申立てをした。労働審判委員会は, 労働審判の告知をしたが, 相手方からの異議の申立てにより, 本件訴訟の提起があったものとみなされた。そして本訴移行後の

回顧と展望①

第 1 審の審理は，労働審判官として労働審判に関与した裁判官と同一の裁判官が担当し判決を言い渡した。

2 　第 1 審（仙台地判平20・12・24労経速2078号11頁）は，Y が X に対し，本件欠勤まで飲酒癖や深酒が原因で勤務態度に問題が生じていることについて注意指導したり，これが解雇理由になることを警告するなどして，その問題点を自覚させる対応をとっておらず，本件欠勤後も役職を解いたり，懲戒処分をするなど，解雇以外の方法を講じて X が自らの勤務態度を改善する機会を与えていないことから，本件解雇は社会通念上相当として是認することはできず，X に対する不法行為を構成するとして逸失賃金の損害賠償を認めた。

3 　控訴審（仙台高判平21・7・30労経速2078号 9 頁）では，第 1 審同様，本件解雇が X に対する不法行為となるとの判断を維持し，さらに控訴審において新たに争点となった，労働審判事件の担当裁判官が異議申立て後の訴訟を担当することが，民訴法23条 1 項 6 号の除斥事由に該当するとの Y の主張については，これを退けた。そこで，Y は，①労働審判が仲裁判断に類似し，確定すれば裁判上の和解と同一の効力を有する点で共通することや予断排除及び裁判の公正確保という除斥の趣旨からしても民訴法23条 1 項 6 号の除斥事由に該当すること，また②本件解雇は社会通念上やむを得ないものとして相当性を有し不法行為を構成するものではないこと，などを理由として上告及び上告受理申立てをした。

II 　判　　旨

破棄自判

1 　「民訴法23条 1 項 6 号にいう『前審の裁判』とは，当該事件の直接又は間接の下級審の裁判を指すと解すべきであるから（最高裁昭和28年（オ）第801号同30年 3 月29日第三小法廷判決・民集 9 巻 3 号395頁，最高裁昭和34年（オ）第59号同36年 4 月 7 日第二小法廷判決・民集15巻 4 号706頁参照），労働審判に対し適法な異議の

申立てがあったため訴えの提起があったものとみなされて訴訟に移行した場合（労働審判法22条参照）において，当該労働審判が『前審の裁判』に当たるということはできない（なお，当該労働審判が同号にいう『仲裁判断』に当たらないことは明らかである。）したがって，本件訴訟に先立って行われた労働審判手続において労働審判官として労働審判に関与した裁判官が本件の第1審判決をしたことに違法はない。」

2　「本件解雇の時点において，幹部従業員であるXにみられた本件欠勤を含むこれらの勤務態度の問題点は，Yの正常な職場機能，秩序を乱す程度のものであり，Xが自ら勤務態度を改める見込みも乏しかったとみるのが相当であるから，Xに本件規定に定める解雇事由に該当する事情があることは明らかであった。そうすると，YがXに対し，本件欠勤を契機として本件解雇をしたことはやむを得なかったものというべきであり，懲戒処分などの解雇以外の方法を採ることなくされたとしても，本件解雇が著しく相当性を欠き，Yに対する不法行為を構成するものということはできない。」

III　検　　討

1　本判決の意義

本判決は，労働審判に労働審判官として関与した裁判官が当該訴訟を担当することが民訴法23条1項6号の『前審の裁判』への関与に当たり除斥原因とならないかという点について，最高裁として初めて「前審の裁判」に当たらないことを判示した。また，採用当初から幹部従業員として採用され統括事業部長を兼務する取締役の地位まで昇進した従業員に対して，勤務態度不良を理由として懲戒処分などの解雇以外の方法を採ることなくされた普通解雇が不法行為を構成するとはいえないとされた点は同種事例における解雇の有効性及び解雇と不法行為の関係を考える上で参考となる。本評釈では，本判決が労働審判と民訴法の除斥事由との関係を論じた初めての最高裁判決であることに鑑みて，この論点を中心に検討し，解雇と不法行為の関係については事例判断としての

回顧と展望①

結論の適否という観点から検討する。

2 労働審判手続の概要と異議申立て後の通常訴訟の審理の実情について

周知のとおり，司法制度改革の中で平成16年4月に労働審判法が制定され，労働審判手続が平成18年4月から実施されている。労働審判制度は，全国の地方裁判所において，裁判官である労働審判官1名と労使実務家である労働審判員2名からなる労働審判委員会が，個別労働関係民事事件について，原則として3回以内の期日において，権利関係を審理したうえ調停による解決を試み，これが効を奏しない場合には権利関係を踏まえて事件の実情に即した解決をするために審判を行う，という制度である（労審1条，2条，7条，15条，20条[1]）。労働審判に対し当事者から異議の申立てがあれば，労働審判はその効力を失い，労働審判申立時に訴訟提起がなされ，通常訴訟に移行することになる（労審21条3項，22条1項）。

異議申立てによって労働審判手続が訴訟へ移行すると，当該審判の事件記録は，訴訟事件記録の第3分類（第1分類とされる「弁論関係書類」，第2分類とされる「証拠関係書類」以外のその他の書類）に編綴され[2]，労働審判事件記録のうち，移行後の訴訟においても利用することができる資料は，労働審判手続の申立書のほか，申立ての趣旨又は理由の変更申立書のみとされている（労審22条，労審規32条）。したがって，当事者がこれら以外の主張書面や証拠書類等を訴訟における資料とするためには，改めて提出することが必要となる。また，労働審判手続の期日については調書の作成は原則として不要とされ，経過の要領を記録上明らかにすれば足りるとされている（労審25条1項）。よって，異議後の通常訴訟を担当する裁判官は，自ら労働審判を担当していない限り，原則として労働審判手続の期日における当事者の具体的陳述内容や詳細な審理の経過を知りえない。そして，異議申立てにより通常訴訟に移行した後の事件の配てんは，

---

[1] 菅野和夫ほか『労働審判制度──基本趣旨と法令解説〔第2版〕』（弘文堂，2007年）25頁以下参照。
[2] 「民事訴訟記録の編成について」（平成9年7月16日総三第77号高等裁判所長官，地方，家庭裁判所長官宛て事務総長通達 改正平成20年10月22日総三第000999号），難波孝一ほか「労働審判1年を振り返って」判例タイムズ1236号（2007年）。

東京地方裁判所の取扱によれば，労働審判を担当した裁判官は異議による移行後の訴訟を担当しない運用となっているが，全国の各地裁ではそれぞれの庁の実情に応じて担当裁判官が決まっている。[3]

3 異議申立て後の通常訴訟と民訴法23条1項6号

(1) 民訴法23条1項6号における「前審の裁判」——判例の状況

民訴法23条1項6号によれば，裁判官が，不服を申し立てられた前審の裁判に関与したときは，その裁判官は除斥される。不服を申し立てられた前審の裁判に関与した裁判官とは，その事件の下級審の裁判に関与した裁判官をいう。こうした裁判官を上訴審の裁判に再び関与させることは，予断をもつ裁判官に再び関与させることになり，上訴制度を置いた趣旨を無意味にするばかりでなく，裁判の公正を害するおそれがあるから，前審関与が除斥原因とされた。[4]

そして判例は「前審の裁判」とは，事件の直接又は間接の下級審の裁判である，としている（最判昭和30年3月29日民集9巻3号395頁，札幌高決昭和31年4月5日高民集9巻2号115頁，最判昭和36年4月7日民集15巻4号706頁）。本判決が引用する前掲最高裁昭和30年3月29日は，調停が不調となった後に訴えが提起された場合における当該調停は，前審の裁判に当たらない旨判示したものである。

(2) 労働審判は「前審の裁判」に当たるか——学説の状況

笠井正俊「労働審判手続と民事訴訟の関係についての一考察」（論叢162巻1～6号合併号，2008年）169頁は，労働審判が民訴法23条1項6号の「除斥原因となるとの見解は示されていないようである」とした上で，民事保全手続での決定は本案訴訟との関係で，手形判決は異議申立て後の訴訟との関係で，それぞれ「前審の裁判」に当たらないとされていることからすると，労働審判に労働審判官として関与したことは当該除斥原因には当たらないとしている。もっとも，労働審判手続が簡易迅速を旨とし，インフォーマルな部分を多分に含む手続であることからすると，予断の排除や「公正らしさ」への配慮等から事務

---

3) 白石哲ほか「労働審判制度に関する協議会 第7回」判例タイムズ1315号（2010年）5頁，20頁。
4) 菊井ほか『コンメンタール民事訴訟法Ⅰ〔第2版〕』（日本評論社，2006年）237頁。

分配上可能であれば、労働審判官として担当した裁判官とは別の裁判官が異議後の訴訟を担当する運用が望ましいとしている。

これに対して、労働審判を念頭に置いた議論ではないが、前掲最判昭和30年3月29日については、井上治典教授が、民訴法35条6号（現民訴法23条1項6号）の除斥事由は、審級関係がある場合に限定されるものでも、自己がなした裁判なり手続結果が維持されるかどうかを審査するという局面に限定されるものでもなく、不公正な裁判がされる危険性のある定型的な関係を対象とするものであるとする。そして、当該事件について調停に関与したことはこの不公正な裁判がなされる危険性のある定型的な場合に当たるので、実質的に判断しなければならない忌避によらずに、一般的に職務から排除する除斥に当たるとするのが妥当であるとしている。そして、労働事件などで審尋を経て仮処分決定をなした裁判官がその異議事件に関与するのは、異論は多いが、除斥事由に当たるとする考え方に賛成すると述べられている[5]。そして、井上教授は、「労働事件などで審訊をへて仮処分決定をなした裁判官がその異議事件（民訴七四四）に関与するのは、異論が多いが、除斥事由に当たるとする考え方（青柳「労働仮処分に関する若干の考察」法律時報二一巻六号二六頁）に賛成する。」としている。この見解によると、労働審判に関与した裁判官が異議後の訴訟を担当することは、不公正な裁判がなされる危険性のある定型的な場合にあるとして、労働審判は民訴法23条1項6号の「前審の裁判」に該当するという結論になろう。

4　労働審判の特殊性と民訴法23条1項6号の解釈

本判決は、従前、最高裁が大審院以来踏襲してきた、民訴法35条6号後段（現23条1項6号）の除斥事由にいう「前審」の意義を改めて確認し、労働審判が「前審」に当たらないとした[6]。

もっとも、労働審判は「審理の結果認められる当事者間の権利関係及び労働審判手続の経過」（労審20条1項）を踏まえて、争点毎に形成された労働審判委員会の心証に基づいて当事者間の権利関係を確認し、これを基に当事者の意向

---

5) 「判批」法協93巻12号（1976年）133頁。
6) 矢島哲至「最高裁民訴事例研究　三三五」法学研究70巻8号（1997年）165頁。

を踏まえて一定の判定を下すものである。しかも，前述のように労働審判段階での審理経過や審理内容は異議後の訴訟に引き継がれない制度設計となっているために，当事者は訴訟に移行した場合の有利不利といったことに拘泥せずに率直な議論が可能であり，またインフォーマルな雰囲気の下，ざっくばらんな質疑応答を行うことが原則3回という限られた期日内で紛争を解決する上で期待されているところでもある[7]。そうすると，労働審判段階での当事者の陳述内容等に直接触れている労働審判官が，異議後の訴訟を裁判官として担当することになれば，将来審判に異議が出された場合に備えて本音の議論に慎重となり労働審判による解決を阻害する危険も生じうる。また労働審判に対する異議は，労働審判委員会が判断した審判内容の是非を移行後の通常訴訟において判断してもらうという実際的機能があることは否めないところ，異議後の訴訟を労働審判に関与した裁判官が担当した場合は，特に不利な審判を受けた当事者からすると裁判の公正さに対する疑問を生じさせ，実質的な不服審査は控訴審からとなってしまい裁判を受ける権利を十分保障されないとの批判もありうる。しかし，本判決の原審も指摘しているとおり，労働審判に異議が出されて通常訴訟へ移行すれば，労働審判はその効力を失い，最初から審理を一からやり直すという構造にある以上，当該訴訟では審判内容の再審査が要求されるものでもない。また，実際の各地裁の運用上も労働審判に関与した裁判官と同一裁判官が通常訴訟を担当する例も見られ，小規模庁においては人員配置の関係上こうした事態が避けられない場合もある。加えて，従前の判例の立場によれば，労働審判以上に権利義務関係の存否について踏み込んだ判断を行う労働事件の「仮処分」に関与した裁判官であっても本案訴訟を担当することが許される。そして，労働審判段階では権利関係を踏まえつつも，当事者の希望を加味し，職場の実情を熟知した労働審判員の知見を経験則として活用して事案に即した解決を図る点に重きが置かれるが，異議後の通常訴訟では民事訴訟法上の処分権主義・弁論主義・立証責任といったルールに則り透明性のある証拠調べ手続に従って権利義務関係を判定していくことになるため，仮に労働審判段階で一

---

[7] 菅野・前掲注1）書205頁以下参照。

定の心証を形成した裁判官（審判官）が異議後の訴訟を担当したとしても，判断結果が労働審判段階と同様のものになるとは限らない。こうした諸点に鑑みると，本判決は妥当である。もっとも，労働審判と通常訴訟とでは裁判官（審判官）の判断視角が異なるとか，簡易迅速な労働審判手続と慎重かつ精密な主張立証を経た通常訴訟では心証が異なりうるといっても，労働審判の利用者の視点で見た場合に，不公正な裁判がなされるおそれを払拭するだけの根拠たり得ているかという疑問は残る。また労働審判では争点が複雑多岐にわたるものや当事者が多数にのぼるものは原則として対象外とされ，簡易迅速な手続に適する事案を選別して審理がなされていることを考慮すると（労審24条参照），労働審判段階では提出されなかった新証拠でもない限り異議後の訴訟でも労働審判の結論は動かない可能性はただでさえ高く，判断者が労働審判段階と同一では一層その傾向は強いのではないかという疑念は強く残るだろう。したがって，労働審判が国民に広く定着するためには，上述の笠井論文が指摘しているように，敗訴当事者の裁判の公平性への信頼に配慮して可能な限り別の裁判官が担当するという運用が望まれる。

5 懲戒処分等を経ない幹部従業員の普通解雇と不法行為

労働者の職務懈怠が繰り返し見られる場合，労働義務の不完全履行という側面から普通解雇事由該当性や解雇の社会通念上の相当性が問われることになる。二度の寝過ごしによる放送事故とその後の事故の報告懈怠及び虚偽報告といった職務懈怠を理由とする普通解雇の効力が争われた高知放送事件（最二小判昭52・1・31労判268号17頁）では，上記職務懈怠は普通解雇事由に該当するものの労働者側に有利な事情を広範に斟酌し社会通念上の相当性がないとして解雇は無効とされた。そして，労務提供の能力や適格性に問題がある場合の解雇の効力が争われた場合，一定の職種にその高度の専門性を見込んで採用されたというような場合でない限り，能力や適格性の欠如が著しい程度に至っており，その回復や向上の見込みがないというような事情がなければ解雇は有効と認められない傾向がある[8]。これに対し本判決は，解雇する前に役員の解任や管理職からの降職，懲戒処分などを講じずに解雇したことを有効としており，一見す

ると勤務態度改善の機会の付与という点を重視していないようにも読める。しかし，本件では，XはYの代表者Aから飲酒を控えるよう注意されていたにもかかわらず酒に酔った状態で勤務するという明らかな不良な勤務態度を繰り返し社内外から苦情も出ていたこと，本件欠勤について反省の態度が伺われないこと，Xは役員兼務の従業員であって今更勤務態度や職務懈怠についてYから注意指導を受ける立場にないこと，Xの職務懈怠はもっぱら飲酒癖に起因しているが，これはXが注意されずとも改善すべき生活習慣や健康管理の問題であってYから注意指導を受けて改善を期待するような事柄でもないことからすると，もはやXには勤務態度改善の余地がなかったといいうる。したがって本件においてYが懲戒処分等を講じずに解雇に踏み切ったとしてもやむを得ないとした本判決の結論は支持できる。また，解雇と損害賠償責任については，一般に解雇が解雇権濫用法理による無効となった場合に，不法行為を構成するかという観点から問題とされてきた[9]。解雇が解雇権濫用法理により無効とされるかという判断と解雇が民法上の不法行為の要件を満たすかは要件効果が異なるため両者の成否が直ちに連動するものではない[10]。本件では解雇することもやむを得なかったという判断のもとに不法行為の成立を否定しており，その結論は支持できる。

(あさの　たかひろ)

---

[8] 大内伸哉『別冊ジュリスト　労働判例百選〔第7版〕――解雇権の濫用』(2002年) 168頁，また解雇を最後手段として位置づけて事前の注意指導を重視する見解として，土田道夫『労働契約法』(有斐閣，2008年) 589頁，西谷敏『労働法』(日本評論社，2008年) 420頁。なお，長期に雇用された正社員の勤務成績不良・勤務態度不良を理由とする解雇について慎重な対応を求めるものとして，エース損害保険事件・東京地決平成13・8・10労判820号74頁。

[9] 菅野和夫『労働法〔第9版〕』(弘文堂，2010年) 489頁，荒木尚志『労働法』(有斐閣，2009年) 265頁，土田・前掲注8)書601頁，西谷・前掲注8)書433頁。

[10] ただし，労働契約法で解雇権濫用法理が明定されており，これに反する解雇をしてはならない義務があると考えると，無効な解雇の場合には不法行為上の過失又は違法性が推定されるという考え方も成り立ちうると思われる。違法解雇避止義務については小西國友『解雇と労働契約の終了』(有斐閣，1995年) 57頁参照。また不法行為としての解雇の意義・成立要件について本久洋一『講座21世紀 (4) 違法解雇の効果』210頁。

旧商法上の会社分割によって新設された会社への労働契約承継の効力と事前の労使協議
―― 日本IBM（会社分割）事件・
最二小判平22・7・12労判1010号5頁 ――

二　片　す　ず
（中央大学大学院）

I　事実の概要

　Y社（被告・被控訴人・被上告人）はコンピューター製造・販売，システム開発等を目的とする株式会社で，米国法人A社の完全子会社である。Xら（原告・控訴人・上告人）はY社に雇用され，藤沢事業所のハードディスク（HDD）事業部門に従事しており，Z労働組合の組合員である。

　平成14年4月ころA社はB社との間で，HDD事業に特化した合弁会社D社を設立する旨を合意し，これに基づいてA社は，Y社が新設分割の方法によりHDD部門を会社分割してC社を設立し，その後にC社をD社の完全子会社とすることを決定した。そして本件会社分割に伴い，Y社のHDD事業部門の従業員もC社に承継させる方針を定めた。

　Y社は旧労働契約承継法[1]7条に定める労働者の理解と協力を得るよう努める措置（以下，7条措置）を行うため，事業場ごとに従業員代表者を選出させ，同年9月27日以降，従業員代表者に対して本件会社分割の背景と目的，C社の事業概要，承継対象となる部署と今後の日程，承継される従業員のC社における処遇，承継される営業に主として従事する労働者か否かの判断基準，労使間で問題が生じた場合の問題解決の方法等について説明し，C社の債務の履行に係る質問への回答も行った。また各種資料をまとめたデータベースをイント

---

1) 平成17年改正前の労働契約承継法。本稿では本件当時のものを旧承継法，旧規則，旧指針と表記する。

ラネット上に設置して，従業員代表者がこれを閲覧できるようにした。

　他方，Y社は旧商法等改正法附則5条に定める労働契約の承継に関する労働者との協議（以下，5条協議）として，HDD事業部門のライン専門職に対してC社の就業規則案や従業員代表者への7条措置の説明に際して使用した資料を送付し，10月30日までにライン従業員に本件会社分割の説明をするよう指示した。その結果，多くの従業員はC社への労働契約承継に同意した。XらはZ労働組合を5条協議の代理人としていたため，Y社はZ労働組合との間で7回の協議と3回の書面のやりとりを行った。この過程でZ労働組合は，C社での将来の労働条件等の保障についての具体的な説明および資料の提示を求めたが，Y社の回答は，C社の経営見通しに係る数値等は経営に係る機密事項であるので答えられない，C社において将来労働条件変更がある場合には労働法の労働者保護法理の適用を受ける，などにとどまった。11月11日，Xらは労働契約がC社に承継されることへの異議申立書をY社へ提出した。

　Y社は11月27日に本件会社分割に係る分割計画書等を本店に備え置き，12月25日に旧商法373条の新設分割によりHDD事業部門を会社分割してC社を設立，Xらの雇用はC社に承継された。同月31日にY社は所有していたC社の株式すべてをD社に譲渡して，C社はD社の完全子会社となった。

　Xらは，7条措置・5条協議の不履行と承継拒否権の行使等を理由に本件労働契約の承継が無効であるとして，Y社に対し地位確認と慰謝料等を請求した。一審（横浜地判平19・5・29労判942号5頁），二審（東京高判平20・6・26労判963号16頁）ともにXらの請求を棄却したためXらが上告した。

II　判　旨（上告棄却）

1　旧商法等改正附則5条協議について

(1)　5条協議の趣旨

　法が分割会社に，分割計画書等を本店に備え置くべき日までに承継対象となる労働者と協議することを求めている（旧商法等改正法附則5条1項）のは，「労働契約の承継のいかんが労働者の地位に重大な影響をもたらし得るものである

ことから，分割会社が分割計画書を作成して個々の労働者の労働契約の承継について決定するに先立ち，承継される営業に従事する個々の労働者との間で協議を行わせ，当該労働者の希望等を踏まえつつ分割会社に承継の判断をさせることによって，労働者の保護を図ろうとする趣旨に出たものと解される」。

(2) 5条協議違反の効果

「旧承継法3条所定の場合には労働者はその労働契約の承継に係る分割会社の決定に対して異議を申し出ることができない立場にあるが，上記のような5条協議の趣旨からすると，旧承継法3条は適正に5条協議が行われ当該労働者の保護が図られていることを当然の前提としているものと解される。この点に照らすと，上記立場にある特定の労働者との関係において5条協議が全く行われなかったときには，当該労働者は旧承継法3条の定める労働契約承継の効力を争うことができるものと解するのが相当である。

また，5条協議が行われた場合であっても，その際の分割会社からの説明や協議の内容が著しく不十分であるため，法が5条協議を求めた趣旨に反することが明らかな場合には，分割会社に5条協議義務の違反があったと評価してよく，当該労働者は旧承継法3条の定める労働契約承継の効力を争うことができるというべきである」。

2 旧労働契約承継法7条措置について

(1) 7条措置の趣旨

「分割会社は，7条措置として，会社の分割に当たり，その雇用する労働者の理解と協力を得るよう努めるものとされているが（旧承継法7条），これは分割会社に対して努力義務を課したものと解され」る。

(2) 7条措置違反の効果

7条措置は努力義務であるため，「分割会社がこれに違反したこと自体は労働契約承継の効力を左右する事由になるものではない。7条措置において十分な情報提供等がされなかったがために5条協議がその実質を欠くことになったといった特段の事情がある場合に，5条協議義務違反の有無を判断する一事情として7条措置のいかんが問題になるにとどまるというべきものである」。

3 5条協議・7条措置違反の具体的判断

(1) 5条協議・7条措置違反の有無の判断基準と指針

「7条措置や5条協議において分割会社が説明等をすべき内容等については,『分割会社及び承継会社等が講ずべき当該分割会社が締結している労働契約及び労働協約の承継に関する措置の適切な実施を図るための指針』(平成12年労働省告示第127号。平成18年厚生労働省告示第343号による改正前のもの。……以下「旧指針」という。)が定めている」。旧指針の定めるところは、「基本的に合理性を有するものであり、個別の事案において行われた7条措置や5条協議が法の求める趣旨を満たすか否かを判断するに当たっては、それが旧指針に沿って行われたものであるか否かも十分に考慮されるべきである」。

(2) 本件における7条措置違反の有無

Y社の対応は「7条措置の対象事項を挙げた旧指針の趣旨にもかなうものというべきであり、Y社が行った7条措置が不十分であったとはいえない」。

(3) 本件における5条協議違反の有無

Y社は従業員代表者への説明に用いた資料等を使って、「ライン専門職に各ライン従業員への説明や承継に納得しない従業員に対しての最低3回の協議を行わせ、多くの従業員が承継に同意する意向を示したのであり、また、Y社は、Xらに対する関係では、これを代理するZ労働組合との間で7回にわたり協議を持つとともに書面のやり取りも行うなどし、C社の概要やXらの労働契約が承継されるとの判別結果を伝え、在籍出向等の要求には応じられないと回答したというのである」。

そこでは「分割後に勤務するC社の概要やXらが承継対象営業に主として従事する者に該当することが説明されているが、これは5条協議における説明事項を定めた旧指針の趣旨にかなうものであり、他にY社の説明が不十分であったがためにXらが適切に意向等を述べることができなかったような事情もうかがわれない」ことなどから、「Y社の5条協議が不十分であるとはいえず、XらのC社への労働契約承継の効力が生じないということはできない。また5条協議等の不十分を理由とする不法行為が成立するともいえない」。

Ⅲ 検 討[2]

1 本判決の意義と特徴

本判決は会社分割制度における会社分割に先立つ労使協議（5条協議・7条措置）と労働契約の承継について，その関連性の法的理解と具体的判断基準に関し最高裁が初めて示した判断である。とりわけ，5条協議に不履行があれば一定範囲の労働者は自己の労働契約承継を会社分割無効の訴えによらず個別に争いうることを明確に判示した点が重要であるため，本稿では5条協議に関する事項を中心に検討する。

2 会社分割の無効原因と5条協議，労働契約承継の関連性

会社分割制度とは，会社の営業[3]の全部または一部を他の会社に承継させる行為（旧商法373条，374条ノ16）であるが，労働契約に関しては別途労働契約承継法が定められている。

旧承継法は①会社の分割により設立会社等に承継される営業に主として従事する労働者の労働契約が承継されない場合，②当該分割により当該承継される営業に主として従事していない労働者の労働契約が承継される場合には，当該労働者が当該分割会社に異議の申出ができることとし，分割計画書等の記載にかかわらず，当該異議の申出によりその労働契約がそれぞれ設立会社等に承継される又は承継されないこととしている（旧承継法4条1項・4項，5条1項・3項）。本件Xらのように，承継される営業に主として従事しており，かつ分割計画書等に記載されている場合には，承継への異議の申出はできず旧承継法3条によりその労働契約は設立会社等に承継される。そのためXらのような労働者に対しては，分割計画書等に労働契約承継が記載される以前になされるべ

---

[2] 本判決を検討した論文・判例研究には，本久洋一「会社分割にともなう労働契約の承継に際しての分割会社の協議義務の法律構成―日本IBM会社分割事件最高裁判決の検討」労旬1732号（2010年）6頁，山内一浩「労働契約承継における法定協議義務のあるべき内容，水準について」労旬同号18頁がある。
[3] 旧商法における「営業」の文言は現行会社法では「事業」に置き換えられている。

き5条協議の履行の有無や協議の内容が労働契約承継の効力に影響を与えうると解釈可能であることが主張されてきた。すなわち5条協議不履行は会社分割の無効原因となりうるが、①労働者が労働契約承継の効力を争うためには、対世効のある会社分割無効の訴えを経由しなければならないとする「絶対効説」と、②5条協議不履行の効果を利害関係者への影響が甚大な会社分割の無効に直結させるのではなく、一部の労働者との間で協議が履行されなかった場合は、当該労働者について承継の効果を否定するとする「相対効説」[4]である。さらに相対効説では、5条協議義務違反を会社分割無効事由になる程度のものと解するか、会社分割の有効性とは切り離してその違反を分割無効原因には限定せず緩やかに解するかが問題となる。

　この点、一審判決では「5条協議の不履行等を理由とする会社分割の無効原因を主張して設立会社との間に労働契約が承継されない旨を主張することは許される」と述べ、分割無効の訴えによらずに労働者が労働契約承継の効力を争えるとしつつも、労働契約承継を無効にする5条協議義務違反と会社分割無効原因の関連性は明らかではなかったところ、控訴審判決では分割無効の訴えによらずに労働契約承継の効力を争えることを一審判決より明確にしたほか、5条協議を「その義務違反が一部の労働者との間で生じたに過ぎない場合等に、これを分割無効の原因とするのは相当ではなく、……労働契約の承継に異議のある労働者について、分割会社との間で労働契約の承継の効力を争うことができるように個別の解決が図られるべき」として、会社分割の有効無効と労働契約承継の効力を切り離して考えるべきことと、承継無効を主張できる労働者の範囲を明示した。本判決では控訴審と同様に会社分割の有効性と労働契約承継の有効性をはっきりと切断した上で、承継の効力を争いうるのは5条協議が全く行われなかった等の労働者であると述べ（判旨1(2)）、労働契約承継を争う判断枠組みをさらに精確化させており、妥当である。

4）　岩出誠「労働契約承継法の実務的検討（上）」商事法務1570号（2000年）7頁、江頭憲次郎『株式会社法〔第3版〕』（有斐閣、2009年）823頁など。

3　5条協議の趣旨

まず本判決は5条協議の趣旨は「労働者保護」を目的としている。そして，旧承継法3条による労働者本人の同意を要しない労働契約承継は適正な5条協議の実施を前提としていると判示して（判旨1(2)），会社分割による労働契約承継制度と5条協議の関係を明確に指摘した点は評価できるものの，労働者の同意を要しない労働契約の承継と労働契約の一身専属性を定める民法625条1項との関係には全く言及していない。会社分割制度の創設にあたっては，本件Xらのように本人の同意を問わず労働契約が移転する労働者に対し，旧承継法3条により排除される民法625条1項の本人同意を「補完する，あるいはその代償措置として」[5]5条協議が国会審議において法案修正の上導入されたという経緯があり，その立法者意思は，会社分割制度における権利義務承継制度と労働者の地位変更に際しての同意原則との均衡配慮であると理解できる[6]。本判決がこの経緯を考慮して旧承継法3条と5条協議の「適正な実施」を関連付けたか否かは，文言上明らかではないが，本判決のいう「法が5条協議を求めた趣旨」に沿った「適正な実施」とは，民法625条1項による同意なく労働契約が設立会社へ「承継される不利益」を緩和することを目指し，また対象労働者の意向を斟酌した協議であると解釈する余地も残されていよう。

4　5条協議違反の具体的基準と判断

本判決では労働契約承継の可否判断における5条協議義務違反の態様を「5条協議が全く行われなかったとき」と「5条協議が行われた場合であっても……法が5条協議を求めた趣旨に反することが明らかな場合には，分割会社に5条協議義務の違反があったと評価してもよ」いと判示する（判旨1(2)）。これは「労働者保護」という5条協議の趣旨に沿い，会社分割の無効原因となる5条協議義務違反よりも広い違反の範囲の把握を可能にする規範であり妥当であ

5）　修正案提案理由説明（平成12年5月18日参議院法務委員会における北村哲男議員答弁）。
6）　本久洋一（本件高裁判決評釈（法律時報1005号（2009年）127頁））も立法者意思を同様に解するが，土田道夫（本件高裁判決評釈（ジュリスト1373号（2009年）142頁））は5条協議を民法625条1項の例外を正当化する「手続的規範」であると解している。

る。しかし本判決での具体的判断基準とその認定事実への当てはめに関しては疑問である。

　本判決は，旧指針を具体的判断基準の一つに据えている点は問題ないが，実際の判断では旧指針のみを基準としたことに加え，旧指針が協議を求めている事項（旧指針第2の4(1)）を認定事実に形式的に当てはめるにとどまったといえる（判旨3(3)）。本判決は会社分割の無効原因と労働契約承継に係る5条協議違反を切断する立場を採ったのであるから，「労働者保護」の趣旨に適合する協議内容やY社の対応とはいかなるものか，本件の特徴（HDD事業全体の不振時の会社分割であったことや他社傘下へ分割直後に移行すること等）を踏まえて柔軟に判断可能であったはずである。それはXらが本件で要求した，D社傘下になった後のC社でも一応の安心と納得を持って働けるであろう具体的情報の提供や，在籍出向によるC社への移動の真摯な検討などであろう。5条協議の「適正な実施」が前項で指摘したように解釈されるのであれば，なおさらである。

5　会社法制定と今後の課題

　平成18年施行の会社法では，会社分割制度を①分割により承継させる対象を「営業の全部または一部」から「その事業に関して有する権利義務の全部又は一部」とし（会社法2条29号），②会社分割の事前開示事項を「債務の見込みのあること」から「債務の見込みに関する事項」とする（会社法規則183条6号，192条7号，204条6号，205条7号）改正があった。これは会社分割制度創設時の国会審議において，旧商法中における「労働者保護という観点からの規定」と考えられた規定のうちの中核であるため，この改正で会社分割制度は大きく変

---

7) 会社法立案担当者は，改正により債務の履行の見込みがない会社分割が可能になったとする（相澤哲ほか編『論点解説　新・会社法』（商事法務，2006年）647頁）。しかし一方で現行会社法でも債務の履行の見込みがないことは会社分割の無効原因となるとする説もある（江頭・前掲注4）書829頁など）。

8) ①分割の対象が営業であること，②債務の履行の見込みがない会社分割は無効であること，③労働者も債権者として分割に異議を述べられること，④商法とは別に承継法を定めるとしたことが，商法中における労働者保護に関する規定と考えられた（平成12年4月25日衆議院法務委員会における細川政府参考人答弁）。

更されたことになる。会社法制定に合わせて旧承継法や旧規則，旧指針も一部改正されたが[9]，これは会社分割の手続変更に合わせた技術的な改正であり会社分割の本質的な制度改変へ対応する改正ではなかった。

　会社法時代にふさわしい承継法への改正が不可欠であるが，さしあたっては，旧商法下における判断である本判決が現行会社分割制度でどこまで妥当性を持つのか，検討する必要があることを指摘したい。旧制度と比較すると，現行制度では設立会社へ「承継される不利益」のほか，承継事業に無関係であるため分割会社に残され設立会社へ「承継されない不利益」も旧制度より高まったと考えられる。とりわけ後者は本判決の考え方に沿った会社分割が行われた場合には十分な考慮が期待できないため[10]，7条措置の適切なあり方が今後問われることになろう。

（ふたかた　すず）

---

9) 改正内容の詳細は，http://www.mhlw.go.jp/general/seido/toukatsu/roushi/01g.html を参照。
10) 本判決の7条措置の理解によれば，例えば黒字部門の会社分割が行われる場合，分割会社となる赤字部門の事業に主として従事する労働者へ提供される7条措置を通じた情報や協議は限定的なものにとどまると考えられる。

有期労働契約法制のあり方とその課題
―― 「有期労働契約研究会」報告書について ――

國 武 英 生

(小樽商科大学)

I　はじめに

　わが国の労働契約法制には，無期労働契約の原則を定める規定はなく，有期労働契約の締結事由や更新回数，利用可能期間についても契約の自由に委ねられている。また，有期労働契約は原則として期間満了をもって終了し，例外的に，解雇権濫用法理を類推適用する「雇止め法理」によって使用者による更新拒否が制限されるにとどまっている。

　こうした現状において，2010（平成22）年9月10日に発表された厚生労働省「有期労働契約研究会」（座長：鎌田耕一東洋大学法学部教授）報告書 (以下「報告書」という)[1]は，有期労働契約が抱える問題点を指摘したうえで，諸外国の動向を踏まえながら幅広い論点について課題を提起したものである。[2]この報告書は，有期労働契約のあり方に言及した2003（平成15）年7月の「労働基準法の一部を改正する法律（平成15年法律第104号）」，2006（平成18）年12月の「今後の労働契約法制及び労働時間法制の在り方について（報告）」に続くものであり，今後の立法過程に大きな影響を与えるものと思われる。

　そこで，本稿は，報告書を概観し，有期労働契約法制をめぐる論点とその課題を明らかにしたうえで，若干の検討を行う。

---

1) http://www.mhlw.go.jp/stf/houdou/2r9852000000q2tz-img/2r9852000000qaxy.pdf.
2) 中間取りまとめ・報告書を検討した論考として，川田知子「『有期労働契約研究会中間取りまとめ』を読んで」労旬1722号（2010年）6頁，中内哲「有期労働契約に対する法規制の今後――有期労働契約研究会報告書を読んで」季労231号（2010年）2頁，根本到「有期雇用をめぐる法的課題」労旬1735号（2011年）7頁。

回顧と展望③

II　有期労働契約の現状と課題

　いまの日本の有期労働契約法制には大きく2つの問題がある。
　1つは，有期契約労働者数の増加に起因するものである[3]。1990年代半ば以降，非正規雇用化が強まり，2000年代には，大企業において非正規雇用比率が増加した[4]。有期契約労働者もその例外ではなく，業務量の変動や人件費を低く抑えるための手段として，多くの企業において積極的に活用されるに至っている。有期契約労働者のなかには，雇止めの不安を抱えるものも多く，雇止めに係る相談件数も増加傾向にある[5]。また，正社員を希望しつつ，やむをえず有期契約労働に従事する新卒者も存在し，働く意欲の向上や職業能力形成への取組みは必ずしも十分とはいえない[6]。有期労働契約を利用することで解雇規制を潜脱する傾向が顕著になっており，現行法制は，こうした有期契約労働者の実態に必ずしも適合的なものとはなっていない。
　もう1つは，有期契約労働者の処遇に関わる問題である。実態としては，約4割の有期契約労働者が正社員並みの仕事を行い[7]，広範な職務に恒常的に配置されている者も多い[8]。しかし，正社員と同様の職務に従事している場合であっても，正社員と比較して労働条件が低位に置かれている実態があり，基本給の

---

3) 総務省「労働力調査（基本集計）」によると，1年以内の契約期間で働く有期契約労働者数は，昭和60（1985）年の437万人から平成21（2009）年には751万人（雇用者総数の13.8%）に増加している。有期契約労働者数の全数を把握する調査は存在しないが，報告書は，1,212万人を大まかな推計として示している。
4) 厚生労働省「平成22年版労働経済の分析」（2010年8月）。
5) 厚生労働省「平成21年度個別労働紛争解決制度施行状況」（2010年5月）によると，雇止めに関する民事上の個別労働紛争の相談件数は，7,886件（2007年）から13,610件（2009年）に増加している。
6) 厚生労働省「平成21年有期労働契約に関する実態調査（個人調査）報告書」（2010年9月，以下「実態調査（個人）」という）によると，契約期間を定めて就業している理由では，「正社員としての働き口がなかったから」が38.7%と最も多い。
7) 厚生労働省「平成21年有期労働契約に関する実態調査（事業所調査）報告書」（2010年9月，以下「実態調査（事業所）」という）。
8) 労働政策研究・研修機構「有期契約労働者の契約・雇用管理に関するヒアリング調査結果」労働政策研究報告書 No.126（2010年）。

水準をみても，有期契約労働者の基本給は正社員の6割以上8割未満とする企業が31.8％と最も多い[9]。また，有期契約労働者には様々なタイプがいるが，その年収は，ワーキングプアの指標とされている年収200万円以下が計57.3％と半数を超えている状況にある[10]。期間の定めがある働き方にメリットを見出す労働者もいることはたしかであるが，その一方で，仕事のステップアップが見込めず，賃金の低さに不満が生じている[11]。

報告書は，こうした2つの問題を基本的に念頭におきながら，「雇用の不安定さ，待遇の低さ等に不安，不満を有し，これらの点について正社員との格差が顕著」な有期契約労働者に対し，政策的に対応することが必要であると説いている。

III 報告書の具体案

こうした問題に対応するうえで報告書は，まず，検討に当たっての基本的考え方として，①労働市場（雇用システム）が公正を確保しつつ機能するためのルール作りを図ること，②有期契約労働者の多様な実態（正社員同様職務型，高度技能活用型，別職務・同水準型及び軽易職務型）を踏まえ対応を図ること，③労働契約の原則を踏まえ，これを発展させることにあるとする。

報告書は，以上のような3つの基本的な考え方に基づき，具体的な論点とその方向性を示している。論点は多岐にわたるが，その内容は，①入口規制と出口規制，②均衡待遇，正社員への転換等，③その他の課題の3つに大別できる。以下，順に紹介する。

---

9)「実態調査（事業所）」。
10)「実態調査（個人）」。もちろん，この統計には家計の補助として働く者（「世帯主の配偶者」（34.0％））も含まれているが，「世帯主（本人）」が41.0％を占めていることにも注目すべきであろう。
11)「実態調査（個人）」によると，仕事に不満がある理由として，「頑張ってもステップアップが見込めないから」（42.0％），「いつ解雇や雇止めされるかわからないから」（41.1％），「賃金水準が正社員に比べて低いから」（39.9％）が上位となっている。

回顧と展望③

1　入口規制と出口規制

まず，報告書の改革案の中心となるのが，有期労働契約の不合理・不適正な利用を防止・抑制する入口規制と出口規制に関わる法規制である。報告書は，具体的な選択肢として，①締結事由の規制，②更新回数や利用可能期間に係るルール，③雇止め法理の明確化について検討している。

(1)　締結事由の規制

わが国では，いかなる事由・目的のために有期労働契約を締結するかは契約の自由に委ねられている。これに対し，諸外国の法制は多様である。たとえば，フランスは，締結事由を限定列挙する方式を採用しているが，ドイツは，有期契約を締結する客観的理由がなければ期間設定は無効とされるものの，雇用政策的な観点から2年間については客観的理由がなくとも有期契約を締結できるとしている。他方，イギリスは，有期労働契約締結に特別な理由は必要とされておらず，スウェーデンのように，労働市場の硬直化から失業問題が発生し，入口規制を緩和したところもある[12]。

報告書は，フランスのように無期労働契約の原則を採用することについては，「その根拠となる雇用の実態や労使関係者の意識等についての認識，評価にもかかわるものであり，また他方，無期原則を採るとしても，制度化の在り方は一様ではない」とし，「締結事由規制が労使の予測可能性の確保，ひいては紛争の発生防止，迅速解決の観点から有効に機能し得るかは，課題となろう」と指摘するにとどまる。

(2)　更新回数や利用可能期間の規制

更新回数や利用可能期間についても，わが国においては契約の自由に委ねら

---

12)　以上の諸外国の有期労働契約法制の動向につき，ドイツ，フランスについては，水町勇一郎『パートタイム労働の法律政策』（有斐閣，1997年）41頁以下，労働政策研究・研修機構「ドイツ，フランスの有期労働契約法制調査研究報告」（労働政策研究 No. L-1，2004年），中内哲「EU指令の影響とドイツ労働法制の現状」日本労働研究雑誌590号（2009年）62頁。また，ヨーロッパ各国の概要を整理したものとして，小宮文人『雇用終了の法理』（信山社，2010年）158頁以下，「特集　欧州における非正規・有期雇用——最近の動向と課題」Business Labor Trend 423号（2010年）2頁。

れている。これに対し，諸外国では，有期労働契約の濫用的利用について一定の規制が行われている。具体的には，イギリスでは4年間，ドイツ，スウェーデンでは2年間の有期労働契約の利用期間が超えた場合には，原則として無期労働契約を締結したものとみなすこととしている[13]。

報告書は，更新回数や利用可能期間の上限を設定し，上限を超えた場合には，無期労働契約と同様の，もしくは類似するルールに従うという考え方については，「有期労働契約の利用を基本的には認めた上で，利用の状況に応じて，いわば濫用と言える状態を排除するという手法であり，今後稀少となっていく労働力の有効な活用にも資する」ものであり，「更新回数や利用可能期間の規制は，規制基準として一義的に明確であり，労使双方にとって予測可能性は非常に高いものとなるため，紛争の未然防止につながるほか，……ステップアップの道筋が見え，労働者の意欲の向上にもつながり得る」と肯定的に評価する。

(3) 雇止め法理の明確化

有期労働契約が反復更新された後の雇止めについては，一定の場合に解雇権濫用法理が類推適用される「雇止め法理」が判例法理として確立している[14]。雇止め法理の条文化は，労働契約法の構想の際にも検討されたが，条文化には至らず，「有期労働契約の締結，更新，雇止めに関する基準」（平15・10・2厚労告357号）が策定されるにとどまっている。

報告書は，解雇権濫用法理の類推適用の趣旨を条文化することについて，「事案に応じた妥当な処理が可能となり，……一定の「区切り」の手前でのモラルハザード的な雇止めを誘発する可能性は低い」とする。もっとも，最終的な判断は裁判所に委ねることになるため，予測可能性，紛争の未然防止という観点から問題もあり，検討課題としても，法定化した場合の法的効果，行政の助言・指導の一環として法律の規定を補足する方策等があると指摘する。

---

13) 前掲注12)の諸論文参照。
14) 日立メディコ事件・最一小判昭61・12・4判時1221号134頁。雇止め法理の機能と問題点については，小宮・前掲注12)書125頁以下等参照。

2 均衡待遇，正社員への転換等

 報告書のもう1つの大きな柱は，有期契約労働者の公正な待遇の実現である。報告書は，①有期契約労働者と正社員との間の均衡待遇，②有期労働契約の無期化や正社員転換等の推進を提案している。

(1) 均衡待遇など公正な待遇

 報告書は，有期契約労働者の公正な待遇を確保する方策として2つの方法を指摘する。

 1つは，合理的理由のない不利益取扱いの禁止に基づくアプローチである。報告書は，EU諸国のように，「有期契約労働者であることを理由とした合理的理由のない不利益取扱いの禁止」のような一般的な規定を法に置き，具体的な適用については個々に裁判所等が判断するという枠組みを導入することが考えられると指摘する。しかし，この方法については，わが国の賃金決定が諸外国のように職務ごとに決定される職務給体系となっていないことから，日本では正社員との比較は困難であり，何をもって合理的理由がない不利益取扱いに該当するかの判断が難しいとの懸念が示されている。

 もう1つは，パートタイム労働法を参考にしたアプローチである。具体的には，「職務の内容や人材活用の仕組みや運用などの面から正社員と同視し得る場合には厳格な均等待遇を導入しつつ，その他の有期契約労働者については，正社員との均衡を考慮しつつ，その職務の内容・成果，意欲，能力及び経験等を勘案して待遇を決定することを促すとともに，待遇についての説明責任を課すという均衡待遇の仕組み」が考えられるとする。このような仕組みは多様な有期契約労働者を対象とすることができるとともに，努力義務等に対する行政指導等によるほか，当事者の交渉を促し，妥当な労働条件に向けた当事者の創意工夫を促すなどの実情に即した対応を可能とすると指摘する。

(2) 正社員への転換等

 さらに，報告書は，有期契約労働者の公正な待遇を実現する方法として，労働契約の無期化，正社員への登用制度，さらには制度導入へのインセンティブ

付与の方策などを指摘する。もっとも，一挙に正社員に転換することはハードルが高い場合が多いこと，有期契約労働者のなかには正社員になることを望まない場合もあることから，無期労働契約への転換を図りつつ，「勤務地限定」，「職種限定」の無期労働契約など，多様な雇用モデルを労使が選択し得るようにすることも視野に入れた環境整備を検討することが求められるとする。

3　その他の課題

報告書は，上記の内容の他にも，いくつかの課題を指摘している。

その1は，労働条件明示等の契約締結時の手続に関する課題である。報告書は，大臣告示において規定している有期労働契約の判断基準等の明示義務を法定化すること，契約締結時点で契約期間についての書面明示がなかった場合に無期労働契約の効果を付与することなどを検討する必要があるとする。[15]

その2は，有期労働契約の終了（雇止め等）に関する課題である。具体的には，契約期間の設定については，必要以上に短い期間を定めることがないようにする方策，現行の大臣告示による雇止め予告等について法定事項への格上げの検討，現行の解雇予告制度における予告手当に相当する手当を法的に位置付け，導入することも考えられるとする。

その3は，1回の契約期間の上限等に関する課題である。1回の契約期間の上限（現行原則3年）については，労使からは延長する具体的ニーズは把握されず，上限維持が1つの方向であるとし，1年経過後は労働者がいつでも退職できるとする暫定措置については，役割を終えたものと考えてよいかさらに議論する必要があるとする。

IV　立法的規制の課題

この報告書によって，有期労働契約に対して一定の規制を講じることにより，

[15) 「今後の労働契約法制の在り方に関する研究会報告書」（2005年9月）においても，書面の明示を怠った場合は，期間の定めのない契約とみなすという提言もなされていた。荒木尚志＝菅野和夫＝山川隆一『詳説　労働契約法』（弘文堂，2008年）192頁以下参照。

有期労働契約者の増加に対応し，有期契約労働者の処遇を是正していくための再編の1つの方向性が示されたと評価できる。しかし，なお残された課題は少なくない。紙幅の関係上，以下では，重要と思われる論点について問題を整理することでむすびに代えることにしたい。検討を要する主要問題は，次の通りである。

第1は，総論的事項として，有期労働契約を規制する根拠である。報告書は，「労働市場（雇用システム）が公正を確保しつつ機能するためのルール作り」，「公正な待遇」などを基本的な考え方として提示しているが，何をもって「公正」とするかは必ずしも明らかにされていない。契約期間を設定すること自体が「公正」に反するとは必ずしもいえないであろう。有期労働契約を規制するための法的根拠をどこに置くかにより，その方向性は大きく異なってくるのであり，有期労働契約の規制原理を正面から議論することが必要というべきであろう。有期労働契約法制の喫緊の課題としては，有期労働契約が解雇規制の潜脱として利用されている実態をいかに是正するか，職務に応じた適正な処遇をいかにして実現するかに収斂されると思われる。

第2は，入口規制と出口規制の問題である。この点については，検討すべき複数の論点がある。

その1は，締結事由の規制である。報告書は，締結事由の規制には消極的な立場を示したといえる。学説には，期間設定に合理的な理由を求める見解も有力である。[16] たしかに，労働契約の期間設定を契約の自由に委ねることが，解雇規制の潜脱を助長していると評価することも可能である。しかし，締結事由の規制には，合理的な理由を絞り込むことが困難であること，締結事由をめぐる紛争の多発が予想されること，労働市場への影響が大きいことなどの危険性を考慮すれば，締結事由の規制については現段階では慎重に考えざるをえないと思われる。[17]

---

[16] 唐津博「2003年労基法改正と解雇・有期契約規制の新たな展開」日本労働研究雑誌523号（2004年）4頁，島田陽一「有期労働契約法制の現状と立法課題」民商法雑誌134巻6号（2006年）851頁，川田知子「有期労働契約法の新たな構想」学会誌107号（2006年）52頁，根本到「有期労働契約法制をめぐる理論的課題」季刊労働者の権利283号（2010年）7頁等。

その2は，更新回数や利用可能期間の規制である。更新回数や利用可能期間を設定し，期間の定めのない契約とみなすなどの規定を設けることは，解雇規制の潜脱に歯止めをかける意味において，有効な方策の1つであり，報告書が積極的な立場を示したことは評価できる。また，正社員転換の可能性を高めることは，有期契約労働者に働くインセンティブをあたえ，企業の長期的な利益にもつながるであろう。もっとも，上限を超えた場合の法的効果，例外を許容するルールなどの具体的な中身については，報告書は今後の検討課題としているが，一定期間経過後は無期労働契約とみなす規定の立法化を積極的に検討すべきであろう。

　その3は，雇止め法理の明確化である。報告書は，雇止め法理の明確化について肯定的な見解を示したといえる。たしかに，雇止め法理の周知を図り，実務のニーズに応えるという意味において，ある程度の意義を見出すことができる方策の1つである。しかし，雇止め法理は，雇用継続の期待，採用基準，貢献度などの多様な要素から判断されるものであり，そのまま条文化しても，予測可能性に欠けるという判例法理そのものに内在する問題の解決にはつながらない。また，仮に更新回数や利用可能期間の規制が実現されるのであれば，雇止め法理を明確化する必要性はなくなると思われる。

　第3は，有期契約労働者の公正な待遇の実現である。実現可能性が高いのは，2008年改正パートタイム労働法を参考にしたアプローチであろう。同法は，「通常の労働者と同視すべき短時間労働者」に対する「差別的取り扱いの禁止」を規定している（8条）。この規定をそのまま有期契約労働者に適用することは困難であるが，同条は，有期契約労働者の処遇を考える際の1つの手がかりになる。有期契約労働者を含めて，均等待遇の範囲をどのように拡大させていくかが1つの大きな課題となろう。また，均衡待遇についても，改正パートタイム労働法を参考に，有期契約労働者にも適用するのが望ましいと思われる。

---

17)　締結事由の規制に否定的な見解として，小宮・前掲注12)書157頁，土田道夫『労働契約法』（有斐閣，2008年）667頁。「今後の労働契約法制の在り方に関する研究会報告書」（2005年9月）においても，有期労働契約が労使双方のニーズに応じて様々な態様で活用されていること，正当な理由とはいかなるものか明確でないことから，締結事由の規制には消極的な態度が示されている。

もっとも，報告書の立場は立法的介入について消極的であると評価せざるをえず，有期契約労働者の処遇の是正を，いかに実効的なものとしていくかが重要な課題となろう。

　報告書が踏み込んでいない論点としては，雇止めの金銭的解決の是非がある。有期契約労働者の希望に応じて，金銭的解決による救済を認めることは，救済の範囲を広げ，弾力的な解決を可能にする方策の1つと考えられる[18]。また，有期労働契約者を含めた非正規労働者に対して，雇用保険や厚生年金をはじめとする社会保険の適用が限定されている状況を改善していくことも重要な課題といえよう[19]。

　この報告書をきっかけに，活発な議論が行われることが重要である。有期契約労働者に働くインセンティブをあたえ，職務に応じた適正な処遇を実現していくことが，雇用社会の発展を生み出す道である。

（くにたけ　ひでお）

---

[18]　最低損害補償金や雇用喪失補償金を法定するというアプローチも検討に値しよう。小宮・前掲注12)書112頁以下。

[19]　西村淳「非正規雇用労働者の年金加入をめぐる問題──国際比較の視点から」海外社会保障研究158号（2007年）30頁等参照。

日本学術会議報告

浅倉　むつ子

（日本学術会議会員，早稲田大学）

1　第158回総会

2010年10月4日（月）と5日（火）の2日間にわたり，日本学術会議の第158回総会が開催された。初日の4日には，海江田万里内閣府科学技術政策担当大臣が出席し，挨拶があった。審議事項としては，会員の定年に伴う補欠会員候補者の選考について，提案通り承認された。また，年次報告書（2009年10月～2010年9月）について報告がなされたほか，前回の総会以降の各種の活動状況について報告があり，議論が行われた。

　特筆すべきことの第1点は，「提言：日本の展望」のエッセンスを中心として，8月25日に，金澤会長から菅直人総理大臣に「勧告：総合的な科学・技術政策の確立による科学・技術研究の持続的振興に向けて」と題する文書が手交されたことである。その文書の柱は，①すべての学問分野にわたる知的創造的な営みの総体を「学術」として包括的に把握して，学術政策の基本とすること，②現在の科学技術政策が出口志向の研究開発に偏りがちであることを改め，基礎研究を重視する必要性があること，③人的基盤に関わるものとして次世代の研究者，男女共同参画の前進が必要であること，④政府における学術政策の立案・策定に関して，日本学術会議の関与が保証されるべきであること，の4点である。総会で挨拶をした海江田担当大臣は，以上の4点につき，十分に考慮すると約束された。

　第2点としては，学術会議が，文部科学省高等教育局長からの審議依頼に対して，「大学教育の分野別質保証のあり方について」とする「回答」を，8月17日に提出したことである。この審議依頼は，①日本の学士がいかなる能力を証明するものであるか，「学士力」を分野の教育においてどうとらえるのか，②学士課程における，各分野が共有すべき固有の特性を適切にふまえた教育とは何か，というものであり，これに対する回答について，学術会議としては，3つの部会を設けて検討を続けてきた。このたび公表した内容は，①分野別の質保証の枠組みについて，②学士課程の教養教育のあり方について，③大学と職業との接続のあり方について，の3点にわたる。マスコミでは③について大きくとりあげられたが，実は①がもっとも重要であり，学術会議としては，当面，30程度の分野につき，今後3年程度の期間をか

けて提言を行う分科会を発足させ，参照基準の策定を行っていくことを予定している。

2 第1部の活動について

第1部（人文・社会科学）は，2010年7月24日（土）と25日（日）の両日，東北大学マルチメディア教育研究棟で，恒例の夏期部会を開催した。初日には，人文・社会科学振興と今後の取組について，さらに日本学術会議の機能強化について等の議論を行った。翌2日目には，「市民公開シンポジウム：市民社会の中の人文・社会科学」を開催した。シンポジウムでは，会員・連携会員によって4本の講演（「日本の方言とその将来」「都市平泉の遺産」「共生社会をめざして――新しい公共性」「貨幣・法・言語と人間――なぜ人文社会科学も科学であるのか」）が行われ，東北大学の学生および市民の方々の参加を得て，充実した討論を行うことができた。

初日の議論であった人文・社会科学の振興というテーマについて，若干，ご紹介しておこう。日本学術会議は，学術の全分野を包摂する3部構成をもち，第1部（人文・社会科学），第2部（生命科学），第3部（理学・工学）の会員数はほぼ等しく，きわめて平等に処遇されている。たしかに形式的平等性は評価されるべきであろう。しかし，反面，競争的な研究資金の配分制度などに関しては，この形式的平等がマイナスに作用することもある。

たとえば科学研究費制度に関して，すべての学術分野に同一の仕組みが無差別的に適用されているということは，人文・社会科学分野にとっては不都合なことも多いはずである。たとえば，巨額の研究助成を少数の研究者・研究機関に選別的・集中的に配分して，先端的な研究を優先的に振興する制度は，戦略的な政策課題を追求する「ミッション型」の研究を優遇する一方，「ボトムアップ型」の自律的研究を相対的に劣後に置く結果をもたらしている。たしかに巨額プロジェクト研究助成が必要な分野もあるだろうが，人文・社会科学では，それはむしろまれなことである。人文・社会科学分野では，より小規模で長期間の研究助成が必要とされることが少なくない。この分野では，長期間にわたって広く薄く配分する科学研究費のシステムが考慮されるべきではないだろうか。このような制度の見直しは，人文・社会科学振興のためには不可欠と思われる。第1部では，このような議論をとりまとめることが早急の課題であると受け止められている。

3 その他

法学委員会としては，先に述べた「大学教育の分野別質保証のあり方についての検討」に関する「参照基準」策定の取組に加わることを決定した。「質保証のあり

方検討委員会」の分科会に，法学委員会からメンバーを推薦し，必要に応じて，「法学系参照基準」（仮称）を協議することを予定している。この分科会委員の候補者については，法学委員会から，22期まで任期が継続する会員と数名の連携会員を推薦することにした。

　さて，現在，第22期学術会議の会員・連携会員の選考手続きが開始している。2011年9月末で任期が終わる現会員および現連携会員は，個別の推薦を経ずに，連携会員候補者として選考の対象になる。また，上記の連携会員および継続の連携会員は，個別の推薦を経ずに会員候補者として選考の対象になる。このように個別の推薦を経ずに会員候補者，連携会員候補者として選考の対象になる者については，事務局から「就任意思」の確認がなされることになる。

　一方，新たな会員・連携会員の推薦手続きが進行中である。現在の会員・連携会員は，候補者を5人まで推薦することができるのだが，幅広く多様な会員構成が実現するように，会員・連携会員は，女性研究者，若手研究者，地方在住者，産業人・実務家の属性などにも配慮しながら，積極的に推薦手続きに関与することが求められる。2011年1月31日が，推薦書作成の締め切り日である。その後は，3月から4月にかけて選考委員会による選考・調整が行われ，7月の総会で承認を受けた後，第22期会員・連携会員の発令は，2011年10月に行われる予定である。

（あさくら　むつこ）
（2011年1月3日記）

◆日本労働法学会第120回大会記事◆

　日本労働法学会は，2010年10月17日（日）中央大学後楽園キャンパスにおいて，大シンポジウムの一部構成で開催された（敬称略）。

一　大シンポジウム
統一テーマ：「雇用平等法の新たな展開」
司　会：浅倉むつ子（早稲田大学），石田眞（早稲田大学）
1．「今なぜ雇用平等法を問題とするのか」報告者：和田肇（名古屋大学）
2．「性差別禁止と差別的構造」報告者：長谷川聡（中央学院大学）
3．「雇用形態間の均等処遇」報告者：緒方桂子（広島大学）
4．「年齢差別禁止の法的意義と方向性」報告者：山川和義（三重短期大学）
5．「雇用平等を実現するための諸法理と救済のあり方」報告者：渡辺賢（大阪市立大学）

二　総　　会
1．理事選挙の結果について
(1)　2010年8月10日（火）に行われた日本労働法学会理事選挙の開票作業の結果につき，小畑史子選挙管理委員長より報告がなされた。当選理事は以下のとおりである（50音順，敬称略）。
　荒木尚志，大内伸哉，鎌田耕一，毛塚勝利，道幸哲也，中窪裕也，根本到，水町勇一郎，山田省三，和田肇。
　なお，10位者が2名おられたため，小畑史子選挙管理委員長による抽選の結果，道幸哲也会員が理事に当選した旨の報告がなされた。
　開票後，毛塚勝利会員が辞退を申し出られたため，辞退を承認するかどうか，辞退を認めた後の処理につき，理事会において議論がなされ，前例に従い，辞退を承認したうえで，次点の石橋洋会員を繰上げ当選とすることが決定された。
(2)　学会当日（2010年10月17日）に当日理事会が開催され，推薦理事の選出が行われた。推薦理事は以下のとおりである（50音順，敬称略）。
　石井保雄，緒方桂子，奥田香子，中山慈夫，村中孝史

2．第121回大会およびそれ以降の大会について
　和田肇企画委員長より，今後の大会予定に関し，以下のとおり報告がなされた。

◆第121回大会について◆
　(1) 期日：2011年5月15日（日）
　(2) 会場：沖縄大学（前日に同大にて社会保障法学会が開催予定）
　(3) 個別報告
　　テーマ：「ドイツにおける解雇の金銭解決制度の史的形成と現代的展開」
　　報告者：山本陽大（同志社大学大学院）
　　司　会：土田道夫（同志社大学）
　　テーマ：「ドイツの変更解約告知制度」
　　報告者：金井幸子（愛知大学）
　　司　会：和田肇（名古屋大学）
　　テーマ：「労働契約上の権利義務構成――イギリス法を手掛かりに」
　　報告者：龔敏（久留米大学）
　　司　会：野田進（九州大学）
　　テーマ：「性差別としての妊娠差別規制の諸問題」
　　報告者：富永晃一（信州大学）
　　司　会：荒木尚志（東京大学）
　　テーマ：「有期労働契約の法規制のあり方に関する比較法的検討――日本・
　　　　　　中国・ドイツを比較して」
　　報告者：烏蘭格日楽（追手門学院大学非常勤講師）
　　司　会：大内伸哉（神戸大学）
　(4) ミニシンポジウム
　　① 個人請負・委託就業者の法的保護――労働契約法および労働組合法の適
　　　用問題を含む
　　司会・問題提起：鎌田耕一（東洋大学）
　　報告者：川田知子（亜細亜大学）
　　　　　　橋本陽子（学習院大学）
　　コメント：中窪裕也（一橋大学）
　　② 障害者差別法理の理論的課題――合理的配慮を中心として
　　司　会：山川隆一（慶應義塾大学）
　　報告者：中川純（北星学園大学）
　　　　　　畑井清隆（志学館大学）
　　　　　　長谷川珠子（日本高齢・障害者雇用支援機構）
　(5) 特別講演について
　　和田企画委員長より，特別講演については行わない旨の報告がなされた。

◆第122回大会について◆
(1) 期日：2011年10月16日（日）
(2) 会場：立教大学（社会保障法学会とは別会場）
(3) 「労使関係の変化と労働組合法の課題」との統一テーマで大シンポジウムの開催を予定している。

◆第123回大会について◆
(1) 期日：2012年5月第2または第3日曜日
(2) 会場：関西学院大学
(3) 内容については，個別報告およびミニシンポジウムの開催を予定している。

3．学会誌について
野川忍編集委員長から，以下の内容について報告がなされた。
(1) 編集委員の交代について
　編集委員について，桑村裕美子会員（東北大学）から，阿部未央会員（山形大学）に交代となったことが報告された。
(2) 学会誌について
　学会誌116号は既に発行済みである。117号については，第120大会における大シンポジウムの報告者5名に原稿を依頼し，シンポジウム記録とともに掲載する。回顧と展望は判例評釈と有期雇用契約研究会報告書について取り扱う。なお，投稿論文はない。

4．日本学術会議について
浅倉むつ子理事より，日本学術会議について以下のとおり報告がなされた。
(1) 第158回総会が10月4日から3日間開催された。
(2) 文部科学省からの審議依頼に対して，「大学教育の分野別質保証のあり方について」とする回答を8月に提出したことが報告された。意見交換ののち，今後，30程度の分野を選び，3年程度の期間をかけて，「分野別の質保証に関する参照基準」の策定を行ってゆくこととした。

5．国際労働法社会保障法学会について
荒木尚志理事より，以下の3点について報告がなされた。
(1) 第10回欧州地域会議は，2011年9月21日～23日の日程でスペイン・セリビアで開催される。テーマは以下のとおりである。
　◆第一テーマ：社会経済の変化と労働法・労使関係

◆第二テーマ：グローバル経済における団体交渉権
　　◆第三テーマ：失業者の社会的保護
　　◆ラウンドテーブル１：採用の媒介者としての公的・私的雇用サービス
　　◆ラウンドテーブル２：労働法・社会保障法の保護に欠ける者
　　◆ワークショップ１：労働法の変化と裁判所の役割
　　◆ワークショップ２：雇用関係の中断・停止
(2) 第20回世界会議は2012年９月24日の週に，チリ・サンチアゴにおいて開催される。
(3) 国際労働法社会保障法学会日本支部では，電子メールアドレスをお届けの会員には，会報以外にも，英文のサーキュラーや国際会議，国際セミナー等の情報，紙媒体では送付困難な「外国語論文・著書リスト（全体リスト）」等を随時送付している。加入は東京大学法学部荒木研究室（laborlaw@j.u-tokyo.ac.jp）にて随時受け付けている。

６．入退会について

土田道夫事務局長より，退会者４名および以下の13名について入会の申込みがあったことが報告され，総会にて承認された（50音順，敬称略）。

浅野毅彦（早稲田大学大学院），伊岐典子（労働政策研究・研修機構），石川茉莉（東京大学大学院），奥山泰行（弁護士），加藤照康（イオンリテール（株）・中央大学通教生），小山敬晴（早稲田大学大学院），滝原啓允（株式会社キャリア創研），中川敬一（東京電力株式会社），中川拓（弁護士），宮重洋暁（株式会社労働開発研究会），徐俞希（早稲田大学大学院），渡邉勝行（社会保険労務士），渡邉誠（熊本労働局）

７．代表理事および理事の任期延長とそれに伴う規約改正について

盛誠吾代表理事より，代表理事および理事の任期延長に関する日本労働法学会規約改正につき提案がなされ，日本労働法学会規約第18条による規約改正手続に従い，総会出席会員の３分の２以上の賛成もって，承認された。

　　規約改正案の内容は，以下のとおりである。

日本労働法学会規約改正案

第１条　日本労働法学会規約（以下，「規約」という。）第10条第６項第３文を次の通り改正する。
　　代表理事は理事会において互選し，その任期を２年とする。
第２条　規約第11条第１項及び第２項を次の通り改正する。
　　理事の任期は４年とし，理事の半数は２年ごとに改選する。但し，再選を妨げな

い。
　監事の任期は4年とし，再選は1回限りとする。
附則
第1条　本改正は，平成22年10月1日より施行する。
第2条　平成22年10月に在任する理事の任期については，次の通りとする。
　　一　平成21年5月に就任した理事の任期は，平成24年9月までとする。
　　二　平成22年10月に就任した理事の任期は，平成26年9月までとする。
第3条　平成21年5月に在任する監事の任期は，平成24年9月までとする。

　8．奨励賞について
　野田進審査委員長より，本年度については該当者がいなかった旨の報告がなされた。

　9．その他
　(1)　事務局からのお詫び
　土田事務局長より，会員名簿印刷に関連して，お詫びと経過報告がなされた。
　(2)　学会メーリングリストの作成について
　学会メーリングリストの作成につき，土田道夫事務局長より以下のとおり報告がなされ，総会において承認された。
　事務局では現在，学会員全員のメールアドレスに対して，一斉にメールを送信することが可能なシステムの導入を検討している。学会事務の委託先である大学生協学会支援センターと検討したところ，事務局が作成したメール内容を，委託先が管理している会員名簿上のメールアドレスへ一斉送信するシステムを作ることは可能とのことであった。ただ，通常世間一般で用いられているメーリングリストとで異なるのは，このシステムでは，学会員であれば誰からでも自由に全会員に対してメール送信が可能というわけではなく，あくまで事務局および委託先を通じてのみ可能という点である。主な用途としては，新型インフルエンザで開催中止となった神戸大学での第117回大会の時のように，大会中止などの緊急情報を会員の方々へ連絡する必要がある場合のほか，理事・監事選挙に際して，規約上65歳以上の会員については，被選挙権を放棄できることとなっているため，選挙前にメールで改めてその旨を周知することで，希望者の方には事務局まで申し出ていただく，といった用途を想定している。

◆日本労働法学会第121回大会案内◆

1 期日：2011年5月15日（日）
2 会場：沖縄大学
3 内容
 (1) 個別報告
    テーマ：「ドイツにおける解雇の金銭解決制度の史的形成と現代的展開」
    報告者：山本陽大（同志社大学大学院）
    司　会：土田道夫（同志社大学）
    テーマ：「ドイツの変更解約告知制度」
    報告者：金井幸子（愛知大学）
    司　会：和田肇（名古屋大学）
    テーマ：「労働契約上の権利義務構成――イギリス法を手掛かりに」
    報告者：龔敏（久留米大学）
    司　会：野田進（九州大学）
    テーマ：「性差別としての妊娠差別規制の諸問題」
    報告者：富永晃一（信州大学）
    司　会：荒木尚志（東京大学）
    テーマ：「有期労働契約の法規制のあり方に関する比較法的検討――日本・中国・ドイツを比較して」
    報告者：烏蘭格日楽（追手門学院大学非常勤講師）
    司　会：大内伸哉（神戸大学）
 (2) ミニシンポジウム
 ① 個人請負・委託就業者の法的保護――労働契約法および労働組合法の適用問題を含む
    司会・問題提起：鎌田耕一（東洋大学）
    報告者：川田知子（亜細亜大学）
    　　　　橋本陽子（学習院大学）
    コメント：中窪裕也（一橋大学）
 ② 障害者差別法理の理論的課題――合理的配慮を中心として
    司　会：山川隆一（慶應義塾大学）
    報告者：中川純（北星学園大学）
    　　　　畑井清隆（志学館大学）

長谷川珠子（日本高齢・障害者雇用支援機構）

日本労働法学会規約

第1章　総　　則

第1条　本会は日本労働法学会と称する。

第2条　本会の事務所は理事会の定める所に置く。(改正，昭和39・4・10第28回総会)

第2章　目的及び事業

第3条　本会は労働法の研究を目的とし，あわせて研究者相互の協力を促進し，内外の学会との連絡及協力を図ることを目的とする。

第4条　本会は前条の目的を達成するため，左の事業を行なう。
  1．研究報告会の開催
  2．機関誌その他刊行物の発行
  3．内外の学会との連絡及び協力
  4．公開講演会の開催，その他本会の目的を達成するために必要な事業

第3章　会　　員

第5条　労働法を研究する者は本会の会員となることができる。
　本会に名誉会員を置くことができる。名誉会員は理事会の推薦にもとづき総会で決定する。
　(改正，昭和47・10・9第44回総会)

第6条　会員になろうとする者は会員2名の紹介により理事会の承諾を得なければならない。

第7条　会員は総会の定めるところにより会費を納めなければならない。会費を滞納した者は理事会において退会したものとみなすことができる。

第8条　会員は機関誌及び刊行物の実費配布をうけることができる。(改正，昭和40・10・12第30回総会，昭和47・10・9第44回総会)

第4章　機　　関

第9条　本会に左の役員を置く。
  1．選挙により選出された理事（選挙理事）20名及び理事会の推薦による理事（推薦理事）若干名

2．監事　2名
（改正，昭和30・5・3第10回総会，昭和34・10・12第19回総会，昭和47・10・9第44回総会）
第10条　選挙理事及び監事は左の方法により選任する。
　1．理事及び監事の選挙を実施するために選挙管理委員会をおく。選挙管理委員会は理事会の指名する若干名の委員によって構成され，互選で委員長を選ぶ。
　2．理事は任期残存の理事をのぞく本項第5号所定の資格を有する会員の中から10名を無記名5名連記の投票により選挙する。
　3．監事は無記名2名連記の投票により選挙する。
　4．第2号及び第3号の選挙は選挙管理委員会発行の所定の用紙により郵送の方法による。
　5．選挙が実施される総会に対応する前年期までに入会し同期までの会費を既に納めている者は，第2号及び第3号の選挙につき選挙権及び被選挙権を有する。
　6．選挙において同点者が生じた場合は抽せんによって当選者をきめる。
　　推薦理事は全理事の同意を得て理事会が推薦し総会の追認を受ける。
　　代表理事は理事会において互選し，その任期は2年とする。
　　（改正，昭和30・5・3第10回総会，昭和34・10・12第19回総会，昭和44・10・7第38回総会，昭和47・10・9第44回総会，昭和51・10・14第52回総会，平成22・10・17第120回総会）
第11条　理事の任期は4年とし，理事の半数は2年ごとに改選する。但し再選を妨げない。
　　監事の任期は4年とし，再選は1回限りとする。
　　補欠の理事及び監事の任期は前任者の残任期間とする。
　　（改正，昭和30・5・3第10回総会，平成17・10・16第110回総会，平成22・10・17第120回総会）
第12条　代表理事は本会を代表する。代表理事に故障がある場合にはその指名した他の理事が職務を代行する。
第13条　理事は理事会を組織し，会務を執行する。
第14条　監事は会計及び会務執行の状況を監査する。
第15条　理事会は委員を委嘱し会務の執行を補助させることができる。
第16条　代表理事は毎年少くとも1回会員の通常総会を招集しなければならない。
　　代表理事は必要があると認めるときは何時でも臨時総会を招集することができる。総会員の5分の1以上の者が会議の目的たる事項を示して請求した時は，代表理事は臨時総会を招集しなければならない。

第17条　総会の議事は出席会員の過半数をもって決する。総会に出席しない会員は書面により他の出席会員にその議決権を委任することができる。

第5章　規約の変更

第18条　本規約の変更は総会員の5分の1以上又は理事の過半数の提案により総会出席会員の3分の2以上の賛成を得なければならない。

附則
第1条　本改正は，平成22年10月1日より施行する。
第2条　平成22年10月に在任する理事の任期については，次の通りとする。
　一　平成21年5月に就任した理事の任期は，平成24年9月までとする。
　二　平成22年10月に就任した理事の任期は，平成26年9月までとする。
第3条　平成21年5月に在任する監事の任期は，平成24年9月までとする。

学会事務局所在地
　〒602-8580　京都市上京区今出川通烏丸東入　同志社大学法学部・法学研究科
　　　　　　　土田道夫研究室
　　　　　　　TEL：075-251-3614
　　　　　　　FAX：075-251-3060
　　　　　　　e-mail：rougaku@gmail.com

SUMMARY

Why Are We Discussing Employment Equality Law Now ?

Hajime WADA

Employment equality laws, which have evolved in the field of labour law pursuant to Article 14(1) of the Constitution, initially had an exceedingly limited basis, being provided for only by Articles 3 and 4 of the *Labour Standards Act*. However, this field of law has since developed significantly. In 1985, the *Equal Employment Opportunity Act (Act on Securing, etc. of Equal Opportunity and Treatment between Men and Women in Employment)* was enacted, prohibiting discrimination against women. Having undergone several revisions this law has now come close to Western models of sex discrimination laws. Furthermore, in 2007, the *Act on Improvement, etc. of Employment Management for Part-Time Workers* was amended, albeit to a limited extent, to prohibit discrimination against part-time workers, was amended, albeit in a limited form. And, in the same year, the amended *Employment Countermeasures Act* adopted, for the first time, the concept of prohibition of discrimination on grounds of age.

Nevertheless, numerous issues in Japan's employment equality laws still remain unresolved. Despite the adoption of the legal principle of indirect discrimination, the *Equal Employment Opportunity Act* suffers from an excessively narrow scope of application and lacks an effective means of remedy. Indeed, with increasingly diversified forms of employment, the problem of discrimination in the working conditions of atypical workers, such as those engaged in part-time, fixed-term, and agency work, has intensified. This constitutes a major factor in the wage disparity evident between the sexes. Moreover, in contrast to Europe and the United States, disability and sexual orientation are not being discussed in terms of discrimination.

As concerns future legislative policy, the following points are important. First, reasons for the prohibition of discrimination should be divided into, 1) those based on considerations of 'equality' and 'prohibition of discrimination' and, 2) those based on considerations of the legal policy of promoting employment. Next, the diversification of forms of employment, and inherent discrimination, necessitates an approach based on the principles of contract, decent work, and social inclusion. Finally, the concept of employment equality needs to be applied consistently to all the stages of employment, from recruitment and hiring until termination of employment.

In order to realise the above, the prohibition of discrimination and employment equality must be laid down as clearly defined norms in substantive law. And, in order to eliminate unreasonable discrimination, it is necessary that an effective system of remedy be established.

This symposium was organised to clarify these issues.

New Development of Sex Discrimination Law : Viewpoint of "Discriminatory Structure" and Changes of Sex Discrimination Law

Satoshi HASEGAWA

In recent years, there is a trend to try to redress practical differences between men and women in society — "discriminatory structure" — and to

SUMMARY

solve problems arising from these differences more effectively. This article analyzes the effect which this recent change of view on discrimination makes on sex discrimination law. In this article, I examine how previous discrimination law has reacted to "discriminatory structure" (chap. 2), and the effect which this change makes on a theory of indirect discrimination and a system for enforcement of positive action in employment field (chap. 3). In conclusion, this article points out that this change helps to diminish differences between equal treatment and positive discrimination, establish a worker participation system in each workplace, and stress social responsibility of preventing discrimination.

I   Purpose of This Article

II Background and Character of "Discriminatory Structure"
    1   Change of Reaction to "Discriminatory Structure"
    2   Background of Change of View on Discrimination
    3   Character of "Discriminatory Structure"

III Correcting "Discriminatory Structure" and Sex Discrimination Law
    1   Correcting "Discriminatory Structure" and Indirect Discrimination
    2   Correcting "Discriminatory Structure" and Positive Action
    3   Considering "Discriminatory Structure" and Character of Sex Discrimination Law

IV Conclusion

Verbot der Diskriminierung von atypische Beschäftigten gegenüber vergleichbaren Arbeitnehmern

Keiko OGATA

I　Einleitung

II　Notwendigkeit des Verbots unterschiedlicher Behandlung
　1　Gründe der Notwendigkeit von rechtlichen Regelungen
　2　Unterschied der Begriffe "Diskriminierung" und "balancierte Behandlung"

III　Besonderheit und Aufgabe des Gesetzes über Teilzeitarbeit
　1　Inhalt und Geltungsbereich des Gesetzes über Teilzeitarbeit
　2　Überlegungen zum Gesetz

IV　Vorschlag
　1　Rechtlicher Rahmen
　2　"Vergleichbarer (vollzeitbeschäftigter) Arbeitnehmer"
　3　Sachliche Gründe der Benachteiligung
　4　Deutlichkeit der Rechtsfolgen bei Verstoß gegen das Gesetz

V　Schluß

The Feature and Direction of Regulations on Prohibition of Age Discrimination

Kazuyoshi YAMAKAWA

I　Introduction

SUMMARY

II The Feature and Direction of Regulations on Prohibition of Age Discrimination
  1 The Feature of the Laws and Regulations on Prohibition of Age Discrimination
  2 The Feature of Prohibition of Age Discrimination
  3 The Direction of Regulations of Prohibition of Age Discrimination

III The Influence of Prohibition of Age Discrimination on Labor Law System and Labor Relations
  1 The Motive behind and Rationality of the Distinction Based on Age
  2 Prohibition of Age Discrimination and Mandatory Retirement
  3 Prohibition of Age Discrimination and Strengthening of a Merit System

IV Conclusion

Rules against Employment Discrimination and Remedies

Masaru WATANABE

In this article, the author examines some aspects of rules to accomplish equality in employment. The rules examined here include prohibition against direct discrimination (which in this article means prohibitions against intentional discrimination and against systemic discrimination), disparate impact theory, requirement of reasonable accommodation, and positive action. After analyzing the relationship among them, the author tries to clarify the limitations the Japanese judicial system has in devising effective remedies for implementing the idea of equality in workplace.

I Introduction

II Rules against Employment Discrimination and Their Relationship

III Violations of Rules against Discrimination and Judicial Remedies in Japan

IV Conclusion

編集後記

◇ 本号は2010年10月17日に中央大学にて開催された第120回大会における大シンポジウム報告を中心に構成されている。大シンポジウムでは,「雇用平等法の新たな展開」という統一テーマの下で,労働条件に差異を生じさせていると考えられる主たる理由（性別,雇用形態,年齢）を切り口とした興味深い報告がなされ,参加者の多数の発言とともに活発な議論が展開された。

◇ 本号の刊行スケジュール等の関係から,各執筆者の方々には種々のご無理をお願いし,小宮文人査読委員長および査読者の方々にも,短期間での査読につき多大な御協力をいただいた。また,法律文化社の瀧本佳代氏には,担当者の急な変更にもかかわらず,きめ細かな対応をしていただき,大変お世話になった。皆様に心より感謝の意を申し上げたい。

◇ 野川忍編集委員長,紺屋博昭編集委員の多大な助力によって,編集後記を執筆する段階にまで辿り着くことができた。この場を借りて厚く御礼申し上げたい。　　　　　（渡邊絹子／記）

《学会誌編集委員会》
野川忍（委員長）,古川陽二,竹内寿,長谷川聡,梶川敦子,紺屋博昭,中内哲,篠原信貴,細谷越史,奥田香子,渡邊絹子,畑中祥子,阿部未央　（以上,2011年2月現在）

雇用平等法の新たな展開　　　　　日本労働法学会誌117号

2011年5月10日　印　刷
2011年5月20日　発　行

編集者　日本労働法学会
発行者

印刷所　株式会社共同印刷工業　〒615-0052 京都市右京区西院清水町156-1
　　　　　　　　　　　　　　　電　話　(075)313-1010

発売元　株式会社法律文化社　〒603-8053 京都市北区上賀茂岩ヶ垣内町71
　　　　　　　　　　　　　　電　話　(075)791-7131
　　　　　　　　　　　　　　Ｆ Ａ Ｘ　(075)721-8400

2011 ⓒ 日本労働法学会　Printed in Japan
装丁　白沢　正
ISBN978-4-589-03351-2